성경으로 풀어가는
범죄학 이야기

김 재 민

박영사

서 문

　성경은 범죄에 대한 기록으로 가득 차 있다. 어떤 범죄학 서적보다도 더 풍성한 범죄사례들을 담고 있는 데다가 현대 매스컴을 통해 보도되는 뉴스에서조차 들어보기 힘든 흉악한 범행들도 존재한다. 뿐만 아니라 성경은 이 세상 모든 사람이 이미 범죄자이므로 하나님의 영광에 이르지 못할 운명에 처해 있다는 것과(로마서 3:23), 인간의 심성이 만물보다 거짓되고 심히 부패한 상태(예레미야 17:9)임을 선언하고 있다. 이러한 내용만 두고 생각해 보면 인류에게는 희망이 없는 것 같다.

　그런데 우리 주변을 돌아보면 모두 악한 사람들만 있는 것은 아니다. 선행을 베푸는 사람은 물론 남을 위해 자기를 희생할 줄 아는 의로운 사람도 종종 찾아볼 수 있기 때문이다. 그렇다면 왜 성경은 이토록 인간의 실존상황을 죄악에 가득 찬 모습으로 그리고 있을까? 그것은 인류의 첫 조상 아담이 하나님 명령을 거역하는 순간, 창조주의 절대적 권위에 도전하려는 죄의 본성(원죄, original sin)이 인간 내면에 깃든 채 자자손손 후손에게 유전됨으로써(창세기 3:22) 우리 모든 인간이 잠재적 범죄자의 지위를 갖게 되었기 때문이라고 말하고 싶다.

　하나님은 그 원죄의 상태에 처한 인간이 영생의 삶을 살지 못하도록 인간을 흙으로 돌아가도록 하는 조치를 취한다(창세기 3:19). 하지만 인생으로 고생하게 하며 근심하게 만드는 것이 하나님의 본심은 아니었다(예레미야애가 3:33). 그는 인생을 불쌍히 여기고, 은혜와 인자가 넘치며, 분노의 마음을 영원히 품지 않는다(시편 103:8~10). 그렇기에 자신의 죄악을 슬퍼하고 돌이키는 자에게는 타락하기 전 인간이 누렸던 생명의 기쁨들을 잠시나마 맛볼 수 있도록 진리에 부합하며 살고자 하는 선한 갈망도 심어 준 것이다. 그러므로 성경 속에 있는 범죄 스토리는 선한 갈망을 좇는 대신, 악한 죄의 본성에 굴복하기를 선택했던 자들의 기록이라고 말할 수 있겠다. 그렇다면 왜 그들은 선한 길을 택하지 못하고 악한 길을 걷게 되었을까?

수년 간 대학에서 범죄학 강의를 해 오던 필자는 많은 범죄학자들이 범죄원인을 인간이성의 오용에서 찾거나 생물학적·심리학적·사회학적 환경 요인에서 찾고 있음을 보고 그러한 시도들이 한계를 가지고 있음을 깨달았다. 그래서 인간 존재의 본성에 대한 근본적 성찰이 선행되지 않고서는 범죄의 원인 문제는 피상적으로 다룰 수밖에 없다는 생각에 이르러 본서를 집필하기에 이르렀다. 인간 누구나 태생적으로 갖게 되는 범죄적 본성 문제를 성경 이야기를 통해 해부해 보고자 한 것이다.

필자는 그 범죄적 본성이 국가의 형사정책과 사회제도 등으로 어느 정도는 관리 될 수 있다고 생각하지만, 근본적으로는 올바른 신앙을 통해 치유될 수 있다는 믿음을 갖고 있다. 그러나 본서는 인간에게 내재된 악한 본성에 대한 영적 치유 방법론을 직접적으로 다루는 책은 아니다, 다만, 성경 속 인물들의 범행 및 범죄피해의 경위 등을 흥미 있는 이야기 형태로 제시해 본 다음, 그들이 범죄를 범하거나 피해를 입게 된 원인과 과정을 기존의 범죄학이나 범죄심리학 및 법학 이론을 활용해 분석해 보는 것에 주안점을 두었을 뿐이다. 이를 통해 독자들은 그들과 동일한 성정을 가진 인간으로서 공감하는 바가 있을 것이며, 범죄의 유혹을 받을 때 어떠한 삶을 선택해야 할 것인지 지혜를 얻을 수 있다고 생각한다. 또한 종래 범죄학 도서들이 시도하지 못했던바 인간의 범죄성에 대한 신학적 고찰도 시도해 보았기에 이 책을 통해 인간에 대한 이해가 더 깊어질 수 있으리라는 기대도 해 본다.

이 책에 등장하는 인물들은 모두 성경에 기록되어 있으므로 그들의 스토리에 대해서는 성경 본문의 출처를 표시하여 독자들로 하여금 본서 말미의 부록을 통해 관련 구절을 읽어보며 더 깊은 묵상을 해 보도록 하였다. 여기 소개되고 있는 이야기들은 모두 성경에 근거를 두고 있지만, 독자의 흥미를 돋우기 위하여 필자의 상상력이 가미된 픽션(fiction)도 함께 섞여 있다는 점을 밝혀 둔다. 끝으로 이 책이 출판되기까지 성원과 지지를 아끼지 않았던 사랑하는 아내와 기쁜 마음으로 본서를 추천해 주신 이동원·문대원 목사님 및 박정윤·최용준 교수님, 집필 작업에 정진할 수 있도록 격려해 주신 동료 교수님, 그리고 출판사 관계자 여러분께 감사를 드린다.

2023. 1. 30.
저자

추 천 사

범죄의 발생과 원인, 그리고 대책을 탐구하는 범죄학은 일반인에게 는 다소 생소한 학문입니다. 그런데 '성경으로 풀어가는 범죄학 이야기' 는 책 제목에서 알 수 있듯이 성경에 나오는 대표적인 범죄사례를 중심 으로 범죄자의 범죄심리와 범죄원인, 그리고 범죄 메카니즘을 학문적 이 론을 이용해 분석하고 있어서 이해하기 쉽고 매우 흥미롭습니다.

이 책은 독자들이 죄의 유혹을 받을 때 어떤 삶을 선택하며 살아가 야 하며, 어떻게 하면 범죄피해를 줄일 수 있는지에 대한 통찰력을 얻는 데 도움을 주리라 확신합니다.

뿐만 아니라 뜻하지 않게 범죄피해를 당한 분들을 우리가 어떤 태도 로 대해야 하는지에 관한 지혜도 가르쳐주고 있어서 행복한 인생을 사는 데 아주 유익하다고 하겠습니다. 죄악이 가득한 세상에서 범죄로부터 자 신을 지켜나가면서도 범죄피해를 당한 분들을 위로하며 행복하게 살기를 바라는 모든 사람들에게 일독을 권하며 기쁘게 추천하고 싶습니다.

박정윤(영남대 명예교수)

이번에 김재민 교수님께서 집필하신 '성경으로 풀어가는 범죄학 이 야기'의 출간을 진심으로 축하드리며 기꺼이 추천하는 바입니다. 오랫동 안 범죄학을 연구하시고 강의하신 학자이신 동시에 신실한 그리스도인으 로서 김 교수님의 이 역작은 '학문과 신앙'을 통합한 매우 훌륭한 저작이 아닐 수 없습니다.

기독 학자는 학문을 연구하는 동시에 이 학문이 신앙과 무관하지 않으며 오히려 통합되어야 함을 인식해야 합니다(에베소서 4:13). 그것은 학문의 영역도 절대자의 주권에서 벗어날 수 없기 때문이며 따라서 성경에 나타난 다양한 범죄 사건들 또한 신앙적 관점과 분리될 수 없습니다.

이러한 맥락에서 이번에 김 교수님께서는 다른 많은 기독 학자들에게 좋은 본이 된다고 생각합니다. 범죄학을 전공하는 학자들뿐만 아니라 성경에 나타난 범죄 사건들을 학문적으로 이해하는 동시에 영적 통찰력을 갖기 원하는 모든 분에게 본서의 일독을 권하는 바입니다.

최용준(한동대 교수)

경찰대학에 재직하셨던 김재민 교수님께서 성경에 나타난 범죄사건들을 성찰하는 책을 펴내셨습니다. 아주 뜻 깊은 시도라고 생각합니다. 성경이 인생의 모든 문제에 대한 마지막 해답임을 믿는다면 성경을 통해 성경적 해답을 모색하는 일보다 더 중요한 일이 어디에 있겠습니까?

물론 문제에 대한 해답을 찾아 적용하는 과제는 단순한 것이 아니기에 관점의 차이는 존재할 수 있고 모든 그리스도인이 김교수님의 처방에 동의하지 않을 수도 있습니다. 그러나 성경을 하나님의 말씀으로 믿는 그리스도인다운 사고를 고민하는 것은 중요한 일이라고 믿어 이 책을 뜻 있는 독자들에게 강추하는 바입니다.

저자는 신실한 성경적 신앙을 소유하고 교회를 또한 진지하게 섬기는 분이시기에 이 책을 기쁨으로 추천합니다. 우리 사회가 다면화 되고 여러 사회적 범죄들이 기승을 부리는 시대를 살아가며 이 책은 시대적으로도 요청되는 책이라고 믿습니다.

이 책의 출간으로 조금은 더 밝아지고 맑아지는 세상을 꿈꾸어 봅니다. 이 책이 우리 사회의 작은 한 줄기 빛이기를 기도하는 바입니다.

이동원(지구촌교회 창립/원로 목사)

김재민 교수님의 '성경으로 풀어가는 범죄학 이야기'는 인간의 본성에 관한 성경의 가르침과 범행 메커니즘에 관한 현상학적 연구를 통합한 탁월한 책입니다. 아담의 원죄로 말미암은 인간의 타락한 본성sinful nature은 다양한 모습으로 표출되는데, 성경 인물들의 범죄 과정을 생물학적·심리학적·사회학적 관점에서 고찰한 본서의 내용은 매우 흥미롭고 통찰력 있습니다.

범죄학자들은 인간의 내면에 있는 공격 본능을 관찰할 수는 있지만, 그 본능이 어떻게 생겼는지는 설명할 수 없습니다. 본서는 이성과 관찰을 통해 알 수 있는 일반계시general revelation가 세상과 인간의 근원에 대한 성경의 특별계시special revelation와 배치되지 않고 오히려 더 명확한 이해를 하는 데 유익이 된다는 점을 보여줍니다. "모든 진리는 하나님의 진리다"는 아우구스티누스Augustine의 주장을 효과적으로 입증하는 김 교수님의 저서를 적극 추천합니다.

문대원(대구동신교회 담임 목사)

차 례

1 인류 최초의 살인: 가인 _____ 13
분노의 파괴력   16
유전이냐 환경이냐   20

2 동생에 대한 약취 및 인신매매: 야곱의 열 아들 _____ 31
복잡한 야곱의 가족 구조   34
아버지의 편애로 싹튼 범행   37
부모의 양육태도가 범죄에 미치는 영향   41
편애와 교만과 분노의 뿌리   45

3 간음을 은폐하기 위한 살인: 다윗 _____ 49
성공의 정점에서 발생한 과오   52
수치를 은폐하기 위해 진행된 간접살인   55
범죄충동의 억제와 범행의 정당화   59

4 지역 주민에 의한 성범죄와 보복 살인: 시므온과 레위 _____ 65
성폭행을 당한 여동생과 오빠들의 보복   68
좌절─공격 가설을 통한 범죄행동 분석   72
범죄피해자가 되기 쉬운 4가지 요인   74

5 친족에 의한 성범죄와 보복 살인: 압살롬 _____ 77
친족 간의 성범죄와 형제의 보복   80
성범죄의 본질에 대한 사색   84

6 폭력적 하위문화에 편승한 성범죄: 베냐민 지파의 청년들 _____ 89
성윤리 붕괴에서 비롯된 강간치사   92
폭력적 하위문화의 형성과 성범죄   97

7 **직권남용 범죄자의 회개: 삭개오** _____ 103

시대적 배경과 삭개오의 야망   106

범죄로 인한 광영에서 나눔의 희락으로   108

인간 본성의 근본적 치유를 통한 범죄예방   113

8 **재산 강탈을 위한 사법 살인: 이세벨** _____ 117

절대권력의 부패 위험성   120

증거 조작에 의한 사법 살인   122

국가범죄의 특성과 피해의 구제   125

9 **여론 재판을 통한 사법 살인: 빌라도** _____ 131

제자의 배반   134

불법적 종교재판을 통한 범행의 조작   137

재판진행의 탈법성과 여론에 떠밀린 사형 판결   139

정의의 궁극적 회복   143

10 **범죄피해자의 진정한 이웃: 선한 사마리아 사람** _____ 145

여행 중에 강도 만난 사람   148

누가 강도 만난 자를 도와 줄 이웃인가?   154

성경에 나타난 범죄피해자 보호의 핵심원리   156

11 **부주의에 의한 살인: 도피성을 찾은 청년** _____ 161

작업현장에서 발생한 사망사고   164

과잉 보복행위로부터의 보호   167

도피성 제도에 담긴 인권보장의 정신   169

에필로그 _____ 175

그림목록   181

그림 및 사진 출처   183

[부록] 본문에 인용된 성경 구절   185

미주   199

1

인류 최초의 살인
: 가인

> **"그 후 그들이 들에 있을 때에**
> **가인이 그 아우 아벨을 쳐 죽이니라."**
>
> (창세기 4:1~8)

성경은 인류창조의 기원을 밝히고 있는 가장 대표적인 문서라고 할 수 있다. 이에 따르면 하나님은 우주만물 창조와 함께 자기 형상대로 남자와 여자를 만든 후 가정이라는 사회제도를 출범시키면서 '생육하고 번성하여 땅에 충만하라, 땅을 정복하라, 모든 생물을 다스리라'라고 축복하였다고 명시하고 있다(창세기 1:26~28).

이러한 창조주의 축복에도 불구하고 인류의 첫 조상이었던 아담 부부가 하나님의 명령을 어기고 타락하는 바람에 인류에게는 죽음이라는 육체적 사망의 형벌과 출산의 고통, 그리고 노동의 수고를 겪게 되었다. 이후 아담의 첫 아들이자 장남이었던 가인이 인류 최초의 살인범이라는 오명을 쓰게 되었고, 가인의 후손 중 라멕(Lamech)이라 불리는 자 또한 살인행위를 고백하고 있는 것을 보면(창세기 4:23) 살인죄를 유발하는 공격성이 유전되고 있다는 강한 암시를 받는다. 신학적으로는 인류를 대표했던 첫 사람의 타락한 본성이 원죄(original sin)가 되어 그의 자녀들에게까지 전수되었기 때문인 것으로 보고 있다(로마서 5:12).

그렇다면, 아담으로부터 원죄를 이어받은 후손이라도 왜 아벨과 같은 자손은 선한 삶을 살아내는 것일까? 이러한 현상을 현대 범죄학 이론으로 어떻게 설명이 가능할까? 이를 위해 가인이 동생 아벨을 죽이기까지의 과정을 더듬어 보면서 그 살인의 동기와 범행의 진행과정을 현상학적 측면과 신학적 측면의 두 가지 관점에서 살펴볼 필요가 있다.

분노의
파괴력

어린 시절부터 형제인 가인Cain과 아벨Abel은 종종 아버지 아담Adam과 어머니 하와Eve로부터 실낙원失樂園의 가슴 아픈 이야기를 듣고 자랐다. 하나님이 세상을 창조한 후 아담과 하와를 풍요롭고 아름다운 에덴동산에 두고서 하나님과 교제하며 걱정과 근심 없이 지내도록 했던 복락원福樂園 시절이 있었지만, 하나님이 먹는 것을 금지했던 동산 중앙의 선악과善惡果를 따먹은 후 타락하여 그 풍요로운 동산에서 쫓겨났다는 것과, 그들이 에덴동산에서 추방당한 후에 힘들게 땀 흘려 일하지 않으면 생존이 어렵게 되었다는 것, 그리고 사람이 늙으면 죽어 흙으로 돌아갈 운명이 주어졌다는 것 등을 종종 들려주었던 것이다(창세기 3:16~19).

그림1-1 유혹으로 인한 아담과 이브의 타락

아담과 하와는 자신들이 하나님께 저질렀던 과오를 자녀들이 반복하지 않기를 바랐다. 그래서 자신들이 겪어야 했던 괴로운 역사를 종종 자녀들에게 언급했다. 그때마다 선악과 사건의 발단이 자신에게 그 과일 먹기를 권했던 하와의 권면 때문이었다는 아담의 책망이 포함되곤 했다.

하지만 하와도 지지 않았다. 그녀는 마귀가 꾀지만 않았더라도 그런 일은 없었을 것이라며 변명 아닌 변명을 이어 나갔다. 뿐만 아니라 하와는 하나님으로부터 직접 금단禁斷의 열매를 지시받은 때는 자기가 세상에 존재하지도 않은 시절이고, 그 명령을 최초로 받은 사람은 자기가 아니라 아담이었으니(창세기 2:16~17), 설령 자신이 그 열매 먹기를 권했다 하더라도 마땅히 그 명령을 받았던 아담이 거부를 했어야 되는 것 아니냐며 아담의 책임이 더 크다는 사실을 강조하였다. 아담과 하와가 이 문제로 다툴 때에는 집안 분위기는 어두워졌다. 서로가 자신의 행동에 대한 책임을 상대방 혹은 제3자에게 전가하고자 했기에 가정에 갈등과 긴장이 조성되었다.

다만, 아담의 가정이 항상 역기능적 측면만을 가지고 있었던 것은 아니다. 아담 부부는 두 자녀에게 악한 영에 속아 하나님과의 약속을 저버렸던 것이 얼마나 큰 과오였는지를 알려주면서 하나님의 말씀에 순종하며 사는 것이 그들이 지향해야 할 바른 삶이며, 하나님께 마음과 정성을 담은 예물을 드리며 그 분을 높여드리는 제사야말로 인생이 행해야 할 마땅한 도리라는 것도 함께 일러주었다.

아벨은 이러한 부모의 가르침을 마음에 새기고 죄에 미혹되지 않도록 주의를 기울이며 하나님께 감사의 마음을 갖고 살았다. 반면, 가인은 하나님이 존재한다는 사실은 알고 있었으나 부모의 교훈을 그다지 무겁게 듣지 않았다. 부모의 실책으로 인생이 고단하게 되어버린 것에 대한 원망도 있었고, 서로 책임을 떠넘기는 모습도 보기 싫었다. 게다가 부모로부터 들은 실낙원 스토리의 가장 큰 책임은 어쩌면 인간이 미혹에 빠질 수 있도록 불완전하게 창조한 하나님이 져야 한다는 생각이 들기도 하여 하나님에 대한 반감을 품기도 하였다.

가인과 아벨이 어느 정도 장성하자 아버지 아담은 자녀들에게 각자의 생업을 정해주어야 하겠다고 생각했다. 평소 농사일에 관심을 보였던 가인에게는 농사짓는 일을, 가축을 잘 다루는 아벨에게는 양을 치는 일을 맡겼다. 그러던 어느 날, 아담은 두 아들에게 하나님께 드릴 제사에 바칠 예물을 준비하여 각자 제사에 참여하도록 하였다. 이에 아벨은 하나님께 제일 귀한 것을 드려야겠다는 마음으로 목장에 가서 가장 살지고 건강한 양에서 낳은 첫 새끼를 골라 제단으로 가져왔으나 가인은 자신이 농사지어 보관하던 농산물 중 일부를 아무런 생각 없이 대충 챙겨 가져왔다. 그의 마음속에는 하나님께 대한 경외감이 없었고, 감사의 마음보다는 원망과 불평의 마음이 더 많았던 탓이었다. 그저 형식적으로 제사에 참여한 것이다.

사람의 마음을 꿰뚫어 보고 있던 하나님은 아벨이 바친 양의 첫 새끼에 대해서는 하늘에서 불을 내려 사름으로써 기쁘게 받았지만 가인이 바친 제물에는 아무런 반응이 없었다. 하나님이 가인의 제물은 받지 않은 것이다(창세기 4:4). 이에 가인의 분노가 폭발하였다. 아벨이 부모의 사랑을 독차지하더니 하나님 사랑마저 자기에게서 빼앗는다는 생각이 들자 화가 머리끝까지 치밀어 올랐다.

가인의 그러한 속마음을 알아차린 하나님이 질문을 던졌다. "너는 왜 얼굴을 붉으락푸르락 하면서 화를 내느냐? 내가 아벨의 제물은 받고 네 제물은 받지 않는 이유를 알고 싶으냐?" 그러면서 가인의 제물을 받지 않았던 이유가 제물 그 자체 때문이라기보다는 제물을 바치는 가인의 마음가짐과 삶의 태도 때문이라는 것을 일러주었다. "내가 너를 지은 생명의 주인이건만 너는 네가 마치 하나님인양 네가 주인이 되어 행동하곤 했다. 네가 땀을 흘려 재배하였다고 농산물이 네 것인 것 같지만 햇빛과

비를 주어 결실하게 한 내가 그 소산물의 주인이기도 하다. 그런데 너는 이에 대해 감사하지도 않고 그저 형식적으로 정성 없이 제물을 바치는구나. 그것은 선한 삶이 아니다. 네 마음속에서 마귀가 불평과 원망의 마음을 심어주려 할 것이다마는 너는 그런 생각이 들 때마다 그 악한 생각을 마음속에서 쫓아내야만 한다. 안 그러면 네가 어디서 무슨 일을 하건 그 악한 생각이 너를 사로잡아 죄를 짓도록 할 것이다. 그러니 악한 충동이 너를 압도하여 죄를 짓지 못하도록 경계심을 가지고 마음을 다스리도록 하여라(창세기 4:6~7)."

그러나 가인은 이러한 하나님의 말씀에 주목하지 않았다. 오히려 현재의 불공평한 상황을 바로잡으려면 동생을 이 세상에서 사라지게 하면 된다는 생각으로 점차 가득차게 되었다. 마침내 동생을 꼬드겨 인적이 드문 들판으로 데리고 나가 거기서 동생을 때려 죽였다. 시기와 질투와 미움으로 인해 생긴 분노가 폭발한 것이며, 부모에 대한 원망과 불공평한 하나님에 대한 불만을 터뜨리며 저항한 것이다.

그림 1-2 가인과 아벨

유전이냐
환경이냐

선악과 사건이 인류에게 가져다 준 결과는 참혹한 것이었다. 아담 이후에 태어나는 모든 인생들이 육체의 죽음을 맛보게 되었고, 생존을 위한 고된 노동과 산고産苦의 고통이 주어진 것이다. 이러한 참혹한 결과에 대하여 위에서 본 것처럼 아담과 하와가 사후에 서로 책임을 따지는 책임공방責任攻防의 설전舌戰이 있었을 가능성이 많다. 자신의 행동이 빚은 결과에 용기 있게 직면하여 그 책임을 온전히 받아들여야만 과거의 바람직하지 못한 행동들이 개선될 여지가 많으나 성경에 기록된 아담과 하와의 반응을 보면 그에 부응하지 못했다. 심지어 그들은 자신들의 과오에 하나님 책임론까지 이용하려 한다.

> "… 내가 너더러 먹지 말라 명한 그 나무 실과를 네가 먹었느냐? 아담이 가로되 하나님이 주셔서 나와 함께 하신 여자 그가 그 나무 실과를 내게 주므로 내가 먹었나이다. 여호와 하나님이 여자에게 이르시되 네가 어찌하여 이렇게 하였느냐? 여자가 가로되 뱀이 나를 꾀므로 내가 먹었나이다(창세기 3:11-13)."

위 성경 기록을 보면 하나님의 추궁에 대하여 아담이 그 책임을 하와뿐만 아니라 하나님에게까지 전가하고 있음을 알 수 있다. 혼자 잘 지내고 있던 나에게 괜스레 하나님이 이 여자를 자기에게 보내 주셔서 이런 말썽이 났지 않았는가 하는 투이다. 그의 말 속에는 여자를 만든 하나님도 이 사건 발생의 책임에서 자유롭지 못하다는 뉘앙스가 담겨있다. 자신의 죄책감을 덜어보고자 하나님까지 끌고 들어간 것이다. 하와도 온전히 자기 책임을 받아들이지 못한다. 하나님의 피조물 중 하나였던 뱀이 꾀지만 않았어도 자신이 그런 우는 범하지 않았을 것이라고 말하는 이면에는 '뱀', 곧 마귀를 존재케 한 하나님에게도 원천적 책임이 주어져

야 한다는 원망이 담겨있는 듯하다. 그리고 선악과에 대한 금지명령의 최소 수령인도 남편 아담이었음을 강조했을 것이다.

수사심리학Investigative Psychology 이론에 따르면 범죄자들은 범죄를 저지른 것에 대하여 수치심, 죄의식, 두려움 등을 갖게 되고 범행이 발각될 것에 대한 공포감을 느끼기 때문에 정서적 불안과 스트레스를 감소시키고자 거짓말을 하거나 죄책감을 완화시킬 수 있는 언어적 행동을 하게 된다고 한다.1) 이 사건 직후 아담과 하와의 행방을 찾는 하나님께 느꼈던 그들의 감정도 '두려움'이었으며, 그들의 반응도 '책임회피'를 해 줄 수 있는 언어들의 선택이었던 것이다(창세기 3:10). 요컨대 '책임회피성 발언'은 범죄자들의 심리적 특성 중 하나에 속한다고 볼 수 있다.

성경에 나오는 인류 최초의 살인사건은 위에서 본 것처럼 형이었던 가인이 동생 아벨을 죽인 사건이었다. 사랑과 용서와 배려의 마음이 어느 사회 단위보다도 충만해야 할 가정에서 가장 참혹하고 끔직한 범죄가 발생한 것이다. 지나 온 인간역사를 돌아보면 가족 구성원 상호간에 갈등이 발생하여 부모가 자녀를 혹은 자녀가 부모를 죽인 사례는 얼마든지 찾아 볼 수 있으며, 형제간에 살인극이 벌어지는 일도 드물지 않았다. 특히 권력 세습이 이루어지던 고대 및 중세의 왕권 국가에서 권력의 암투 때문에 부자간의 살인사건은 물론 형제간의 살인사건도 비일비재 하였다. 가장 대표적인 사례가 우리나라 조선왕조의 3대 왕으로 등극했던 태종 이방원이 저지른 이복형제 살인사건이라고 볼 수 있다. 그는 왕자시절, 국왕의 통제권을 강화하기 위해 사병私兵을 혁파하려 했던 부친 태조 이성계의 지시가 자신을 무력화하기 위한 계획이라고 반발하면서 이를 기획했던 신하 정도전과 권력승계의 경쟁자였던 이복 동생 방번과 방석 두 왕자를 살해했던 것이다.

    2011년 미국에서 수행된 연구에 따르면 살인범과 피해자가 서로 아는 관계였던 것이 전체 범죄의 56%에 해당하였고, 그 중에서도 가정 내의 배우자에 의한 살인이 22%였다고 한다.[2] 서로 모르는 사람 사이에 발생하는 살인보다도 아는 사람으로부터 살해당하는 비중이 더 높다는 것과 전체 살인 피해자의 5분의 1 이상이 가족에 의해 살해되고 있다는 사실은 우리에게 충격으로 다가온다. 여기에 자녀가 부모를 살해한 사건이나 형제가 형제를 살해한 사건을 더한다면 가정 내 살인의 비중은 더 높다는 결론이 나온다.

    이러한 가정 내 살인은 사랑과 용서와 배려의 마음이 지배해야 할 가정이 시기와 질투와 분노의 마음으로 채워질 때, 곧 가정의 역기능이 가정의 순기능을 대체할 때 발생한다. 그렇다면 아담의 가정이 역기능적으로 작동했던 근본 원인은 무엇일까? 이에 대해서는 성경이 침묵하고 있기 때문에 구체적인 내용을 알 수 없지만 성경이 기록하고 있는 내용을 토대로 현상학적 차원과 신학적 차원 두 가지 측면에서 그 원인을 분석해 볼 수 있을 것이다.

    첫째, 현상학적 차원에서 외부에 나타난 사실만을 가지고 가인의 살인범죄의 원인을 분석해 보면 그의 행동은 분노와 시기의 감정에 터 잡은 행동이었으며 서로 가정의 일원으로서 한 가족의 구성원들을 사랑하고 돌보려는 책임의식이 전혀 없는 행동이었음을 알 수 있다. 예를 들어 자신이 초래한 행동에 대하여 타인에게 그 책임을 미루려는 흔적은 가인에게서도 찾아볼 수 있다. 자신의 행동에 대하여 책임을 회피하려 했던 아담 부부의 역기능적 측면이 자녀 세대로까지 이어져 내려왔다는 추정이 가능한 것이다.

가인이 들에서 동생을 쳐 죽인 후 동생의 행방에 대하여 묻는 하나
님의 질문에 대하여 그 소재를 모른다고 시치미를 뗀다. 아버지 아담이
하나님의 명령을 어기고 선악과를 따 먹은데 대하여 하나님에 의해 책임
추궁을 당하자 아담은 다소 책임회피식 발언을 하기는 했지만 스스로 범
행을 순순히 시인했던 것과 달리 가인은 거짓말을 함으로써 아버지보다
악한 모습을 보였다. 거기다가 동생의 안전을 돌보는 책임은 내가 아닌
부모 혹은 하나님에게 있는 것이지 자기에게 있는 것도 아니라며 책임
회피까지 한다. 가정이 순기능적으로 작동한다면 형은 당연히 동생을 돌

그림 1-3 아벨을 살해하는 가인

봐주어야 한다. 그러나 가인은 마치 동생 아벨을 전혀 자기와 상관없는 타인처럼 이야기 하고 있는 것이다.

범죄학계에서는 범죄발생 원인을 탐구함에 있어서 태생적 유전요소 nature가 중요한가 아니면 후천적 양육환경nurture이 더 중요한가에 대한 논쟁이 있다. 하버드대학 출신의 자연인류학자somatologist였던 후튼Earnest A. Hooton은 범죄는 단지 생물학만으로 이해될 수 있다고 하면서 유전요소를 양육환경보다 더 중요하다고 보았으며, 특정한 염색체나 열등한 유전인자가 사람의 범죄성을 더 높여준다고 생각하였기에 출생통제, 안락사, 불임수술 등 생물학적으로 부적합한 자들에 대한 우생학적 대책을 세워야 한다고 주장하였다.3) 반면, 양육환경이 더 중요하다고 보는 학자들은 범죄를 저지르기 쉽도록 만드는 사회환경을 개선해야 한다고 주장한다. 예를 들어 머튼Robert K. Merton이라는 미국 학자는 미국사회가 성공을 위한 과정이자 수단으로서 가정교육이나 학교교육의 충실도를 높이기보다는 부의 획득이라는 성공의 목표를 지나치게 강조함으로써 이 둘 사이에 괴리가 발생하게 되고, 이 간극의 차이가 긴장을 유발하게 되어 범죄로 이어진다는 소위 '긴장이론strain theory'을 주장하였다.4) 유전적 요인보다는 물질적 성공을 최고의 가치로 삼는 사회문화적 환경이 범죄발생에 큰 영향을 미칠 수 있다는 것이다.

범죄의 원인이 유전적 요소 때문인가 아니면 환경적 요소 때문인가 하는 논쟁은 오늘날에도 여전히 계속되고 있다. 이 때문에 범죄의 원인을 유전과 환경 어느 일방에서 찾는 것보다 이 두 가지 요소를 함께 고려하는 것이 더 바람직하다. 유전적 요인과 환경적 요인 두 가지가 모두 작동하는 곳이 바로 가정이다. 가인의 범죄행동은 외부의 미혹에 이끌려 하나님이 정하신 규범을 위반했던 부모의 내재적 특성이 자녀에게로 이어져 내려왔다는 유전적 요인과, 타인에게 책임을 전가하는 모습을 자녀들에게 보여주어야 했던 역기능적 양육환경이 다 같이 어우러진 결과라고 보아야 할 것이다.

둘째, 현상학적 고찰의 또 다른 측면으로서 가인이 동생을 살해한 것이 폭행을 동원한 일종의 공격행위라고 볼 때 범죄학에서는 이 공격성의 본질을 탐구할 수 있다는 점이다. 공격성이란 타인에게 해를 입힐 의도를 가지고 타인의 신체나 재산에 물리적 폭력을 가하거나, 타인에게 심리적, 정신적 폭력을 가하는 것을 말하는데 이 공격성이 어디에서 비롯되는 것인가 하는 것이 범죄학자들의 관심사인 것이다. 어떤 학자들은 공격성이 인간 본성 안에 내재되어 있다고 하는가 하면, 또 다른 학자들은 공격성은 사회적 환경 속에서 학습되어 지는 것이라고 주장하기도 한다. 만일 공격성이 모든 인간의 심성에 선천적으로 내재되어 있다고 한다면 왜 어떤 사람은 공격성이 발현되어 범죄행위까지 나아가게 되는데, 그 이외의 많은 사람들은 공격적 본능을 가지고 있음에도 불구하고 범죄를 범하지 않고 사는 것일까 하는 의문이 생긴다. 이와 반대로 공격성이 오로지 사회생활을 하는 과정에서 학습되어진다고 한다면, 공격적 행동을 학습할 기회가 적었던 어린이들조차 때때로 어린 동생들에게 공격적 행동을 표출시키는 현상을 어떻게 설명해야 할 것인가?

범죄학자들은 대체로 인간 심성 내면에 공격본능이 자리하고 있다는 사실을 긍정하면서도, 성장 과정에서 윤리적 판단력 배양을 위한 교육을 받으면 그 공격성을 통제하며 살아가게 되지만, 그러한 교육이 잘 이뤄지지 않은 상태에서 공격본능이 특별한 상황적 요소와 결합하게 되면 그 본능이 표출되어 범죄로까지 이어지게 된다고 보고 있다. 인간이 선천적으로 공격본능을 지니고 있다는 주장은 생리학, 정신분석학, 행동학 등 다양한 학문분야에서 주장되고 있다. 공격성의 통제역할을 수행하는 뇌의 전두엽 부분이 문제가 생기거나 두뇌의 신경전달물질인 세로토닌의 분비에 장애가 있을 때 공격성이 발현된다는 이론이 있는가 하면생리학적 입장, 인간은 선천적으로 공격적 본능을 보유하고 있는데 이 공격적 에너지가 포화상태에 있을 때 이를 적절히 해소시켜 주지 않으면 폭발이 일어날 수 있다는 주장도 있고정신분석학적 입장, 공격이란 생존과 생식의 가능성을 확보하기 위한 유전적 프로그래밍이자 영역 확보권 개념으로 설명하는 이론도 있다행동학적 입장.5)

한편, 인간의 이러한 공격본능도 잘 통제되면 범죄에 이르지 않을 수 있다는 주장도 제기된다. 예를 들어 콜버그Lawrence Kohlberg는 인간은 10세에서 13세 사이에 도덕의식 수준의 발달이 사회생활에 필요한 보통의 수준으로 발달하게 되지만, 범죄자들의 경우 이 도덕발달이 제대로 안 이루어져 공격본능을 제대로 통제하지 못해 범행에 이르게 된다고 하였으며, 레클레스Walter Reckless도 인간 내부에 잠재된 공격성이 개인의 긍정적 자아관념이나 가족과의 확고한 유대 등에 의해 적절한 견제를 받으면 범죄로의 이행을 막을 수 있다고 주장한 것이다.6)

이러한 이론을 토대로 생각해 볼 때, 가인은 내면의 공격적 본능을 잘 통제할 수 있는 수준으로 자신의 심성을 개발하지 못한 상태에서, 자신의 제사행위가 하나님의 인정을 받지 못하는 상황이 전개되자 그 공격성이 아우를 향해 폭발하게 된 것으로서, 본능적 요소와 상황적 요소가 서로 맞물려 범죄가 발생하게 되었다고 정리해 볼 수 있다.

셋째, 아담의 가정이 역기능적으로 작용했던 근본 원인을 신학적 차원으로도 분석해 볼 수 있다. 가인이 동생 아벨을 죽인 것은 인류의 조상이었던 아버지 아담이 하나님이 정한 질서에 반역한 사건이 발생했을 때 그 죄성이 후손들에게 유전되었기 때문이었다. 이를 신학적으로는 인류의 조상 아담의 '타락 사건the Fall'이라고 한다. 아담은 인류의 대표였기 때문에 그때의 타락을 기점으로 하나님의 통치질서에 대적하는 '원죄original sin'가 아담 이후에 태어난 모든 인간들의 본성 안으로 흘러 들어와 작동하게 된 것이다. 악한 행동을 하였기에 악한 것이 아니라 모든 사람들이 원죄를 갖고 태어나 본래부터 악하기 때문에 악한 행동이 나오는 것이다. 그러므로 인류는 누구든지 잠재적인 범죄자이고, 누구든지 살인을 저지를 잠재력을 가지고 있다. 사람을 미워하는 행동이 본질적으로 '살인행위'에 버금가는 평가를 받을 수 있다고 말한 예수의 통찰도 바로

그림 1-4 아벨의 죽음을 슬퍼하는 아담과 하와

이 원죄 이론과 맞닿아 있다.

"이러므로 한 사람으로 말미암아 죄가 세상에 들어오고 죄로 말미암아 사망이 왔나니 이와 같이 모든 사람이 죄를 지었으므로 사망이 모든 사람에게 이르렀느니라 … 그러나 아담으로부터 모세까지 아담의 범죄와 같은 죄를 짓지 아니한 자들 위에도 사망이 왕 노릇하였나니 아담은 오실 자의 표상이라(로마서 5:12,14)."

가인이 가지고 있었던 원망, 불평, 시기, 질투, 분노조차도 이 죄성에서 비롯된 것이며, 개별적인 살인행위는 이 죄성의 발현으로 거둔 열매에 불과하다. 인간은 죄 짓는 능력을 타고 났으며, 죄 지을 기회를 갖기 전에 이미 죄인이었다. 가인이 살인을 행했기에 죄인인 것이 아니라 이미 죄인이기 때문에 살인행동을 자행한 것이다. 이 모두가 아담의 타락이 낳은 결과이며, 아담 이래로 모두 인류가 이 죄성을 물려받고 있다.[7] 그러므로 성경은 이 세상에 의인은 하나도 없으며 모든 사람이 죄인이라고 말한다(로마서 3:23).

살인은 형법 제250조에 규정된 범죄로서 사람을 고의로 살해함으로 성립
된다. 여기서 고의란 생명이 있는 자연인을 살해한다는 인식과 의사를 말하
는데 정확한 인과과정을 그대로 인식을 못한다 해도 자기 행위가 사망의 결과를 발
생시킬 수 있다는 가능성만 인식해도 고의가 인정되어 살인죄가 성립한다. 이러한
유형의 고의를 미필적 고의라고 한다.

독일이나 미국의 형법은 살인죄를 모살(murder)과 고살(manslaughter)로 구별하
여 형량을 달리하고 있다. 모살이란 살인의 고의 외에도 살인자가 특별한 내적동기
나 목적(탐욕이나 기타 비열한 동기 등)을 가지고서 범행을 하거나 살인방법이 잔인
할 경우에 성립하고, 이러한 요소들을 갖추고 있지 않은 행위는 고살죄라 하여 모살
을 고살보다 더 중하게 처벌하고 있다.[8]

또한 살인행위 중 미성년자를 약취 혹은 유인하여 살해하거나, 강간 행위 도중에
살해를 한 경우, 그리고 보복목적으로 특정인을 살해한 경우에는 특정범죄 가중처벌
법에 의거하여 형법에서의 형량보다 더 중하게 처벌하고 있다.

2

동생에 대한 약취 및 인신매매
: 야곱의 열 아들

"그 때에 미디안 사람 상인들이 지나가고 있는지라.
형들이 요셉을 구덩이에서 끌어 올리고 은 이십에
그를 이스마엘 사람들에게 팔매
그 상인들이 요셉을 데리고 애굽으로 갔더라."
(창세기 37:28)

야곱은 아내 레아와 라헬, 그리고 두 아내의 여종으로부터 열 두 아들을 두어 가족구조가 좀 복잡했다. 레아가 낳은 아들은 르우벤, 시므온, 레위, 유다, 잇갈, 스불론 등 6명이었으며, 라헬의 여종 빌하에게서 낳은 아들은 단과 납달리 2명이었고, 레아의 여종 실바에게서 낳은 아들은 갓과 아셀 2명이었다. 불임이었던 라헬도 늦게나마 아들 요셉을 낳게 되었는데, 요셉을 낳은 후 약 16년쯤 지나 온 가족이 벧엘에서 에브랏으로 이동 중에 베냐민을 낳다가 산고로 죽고 말았다(창세기 35:18).

요셉은 야곱이 가장 사랑했던 아내 라헬에게서 낳았던 아들이기도 하거니와 어려서부터 총명해 아비의 사랑을 독차지 했다. 그러던 어느 날 집에서 멀리 떨어진 곳에서 양을 치던 형들은 그들의 안부를 살피러 온 요셉을 물리적으로 무력한 상태에 빠뜨려 살인까지 할 기세이더니, 급기야 상인들에게 노예로 팔아버린다. 이 사건은 요셉에 대한 야곱의 편애와 형들의 입장을 섬세히 헤아리지 못했던 요셉의 철없는 행동이 그들의 시기심과 질투심을 자극하여 벌어진 일이었다.

그렇다고 르우벤을 비롯한 열 형제들의 행위가 정당화 되는 것은 아니다. 아무리 질투심이 샘솟는다 하여도 아직 미성년자였던 동생 요셉을 부모의 보호관계로부터 이탈시켜 자신들의 실력적 지배하에 둔 채 살인 음모까지 꾸몄던 점, 그리고 동생을 지나가는 상인에게 돈을 받고 팔아넘겼던 점은 비난받아 마땅한 것이다. 이에 그들의 비이성적 행동이 어디에서 비롯된 것인지를 살펴보기로 한다.

복잡한 야곱의
가족 구조

　　믿음의 조상이라 불리는 아브라함Abraham은 나이가 백세가 되어서야
비로소 아들 이삭Isaac을 보게 되었는데 이삭도 결코 이른 나이라고 볼 수
없는 육십세에 이르러서야 에서Esau와 야곱Jacob이라는 이름을 가진 쌍둥
이 아들을 두게 되었다. 형 에서는 사냥을 좋아하는 야성적 성격의 소유
자로서 아버지의 사랑을 받았으나, 동생 야곱은 조용한 성품으로서 어머
니 리브가의 총애를 받고 자랐다. 어느 날 야곱은 배고픈 상황에 있는 형
의 처지를 이용하여 팥죽 한 그릇으로 장자권을 사들이더니, 훗날 아버지
가 나이 들어 눈이 어둡게 되자 아비에게 자기가 에서라고 속여 장자가
받을 축복기도의 기회마저 가로채버리고 말았다. 이에 분노한 에서는 아

그림 2-1　팥죽으로 장자권을 사는 야곱

버지가 세상을 떠나면 야곱을 죽여 버리겠다는 결심을 한다(창세기 25:27~34).

　　장자권 탈취를 기획하고 그 일을 사주했던 어머니 리브가Rebekah가 에서의 이런 낌새를 모를 리 없었다. 자칫했다가는 둘째 아들 야곱이 형의 손에 죽을 수도 있겠다는 생각이 들자 미리 손을 쓰기로 했다. 이삭 부부가 살고 있던 브엘세바에서 무려 800킬로미터나 떨어진 곳 밧단아람에 있는 리브가의 친정으로 야곱을 멀리 떠나 보내고자 하는 전략이었다. 낙타를 타고 하루에 백리를 간다고 하여도 20일 이상을 족히 걸어야만 하는 먼 곳으로 아들을 떠나보내려 한 것이다. 남편 이삭에게는 야곱의 아내 될 사람을 인근에 거주하는 이방 민족 중에서가 아니라 같은 민족의 후손 가운데서 찾아 보자는 구실을 내세웠다. 아버지의 허락이 떨어지자 야곱은 낙타를 타고 먼 여행길을 나섰다.

　　야곱이 긴 여정을 마치고 밧단아람에 이를 무렵 근처의 우물가에서 외삼촌 라반Laban의 딸 라헬Rachel을 만나게 된다. 주변에서 양을 치던 목자들로부터 그녀가 사촌 여동생임을 알게 되자 기쁨의 눈물이 흘러 나왔다. 형의 눈을 피해 도망치다시피

그림 2-2 야곱과 라반의 근로계약

집을 떠난 자신의 신세가 처량하기만 했는데 이제 무사히 외삼촌 집에 도착하였으니 살았구나 싶었던 것이다. 라헬을 따라 외갓집에 들어서니 외삼촌 라반이 입을 맞추며 반겨 맞아 주었다. 그 다음 날 아침 라반은 야곱과 보수 약정을 한다. 어제 밧단아람 우물가에서 만났던 외삼촌의 둘째 딸 라헬이 너무 마음에 들어 그녀를 아내로 맞이하고 싶었는데, 칠 년을 봉사하면 라헬과 결혼할 수 있다는 라반의 말에 기꺼이 응하기로 한 것이다. 세월이 흘러 기한이 되자 외삼촌은 갑자기 동생이 먼저 시집 가는 사례가 없다며 언니 레아Leah를 아내로 맞이하도록 하는 변칙을 저질렀다. 야곱이 이에 강력하게 항의하자 라헬을 아내로 취하기 위해서는 추가로 칠 년을 더 봉사해야 한다는 엉뚱한 소리를 하였다. 속은 것이 분하고 억울하기도 했지만 라헬을 매우 사랑했던 까닭에 다시 7년을 더 일

그림 2-3 야곱과 라헬의 만남

하기로 하였다(창세기 29:25-30).

　　14년이 흘러 결국 라헬과 결혼을 하게 되었으나 문제가 있었다. 언니 레아가 야곱으로부터 6명의 아들을 낳은 것과는 달리 라헬은 결혼한 지 수년이 지나도록 자녀를 생산하지 못한 것이다. 이로 인해 얼마나 라헬의 마음이 괴로웠던지 자식 없이 사느니 차라리 죽어버리겠다고 야곱에게 엄포를 놓을 지경이 되었다. 언니에 대한 질투심이 불타올라 이내 자신의 여종 빌하Bilhah를 야곱의 첩으로 주어 단Dan과 납달리Naphtali 두 아들을 두게 되었는데, 이에 질세라 레아도 자신의 여종 실바Zilpah를 야곱의 첩으로 주어 갓Gad과 아셀Asher 2명의 아들을 얻게 된다. 이러한 우여곡절 끝에 결혼한 지 7년 만이자 야곱의 나이 91세가 되어서야 비로소 사랑하던 아내 라헬이 임신해 요셉Joseph을 낳게 되었다. 야곱이 얼마나 기뻤을까! 하지만 이러한 기쁨도 잠시였다. 이 사랑하는 여인은 야곱이 고향으로 돌아오는 도중에 둘째 아들 베냐민Benjamin을 낳다가 그만 객사하고 만다. 어찌 되었든 레아와 라헬의 출산경쟁으로 말미암아 야곱의 가족은 다소 복잡한 구조를 갖게 되었다.

아버지의 편애로 싹튼 범행

　　야곱이 요셉을 다른 아들보다 각별하게 사랑하고 아꼈던 것은 바로 지극히 사랑했던 여인의 자식이었기 때문이었다. 게다가 요셉은 다른 형제들보다 총명하고 상상력이 풍부했으며 아비 말을 충실히 청종하기까지 하였다. 이 때문에 요셉을 향한 아버지 야곱의 사랑과 총애가 흘러넘쳐 공공연히 요셉을 편애하는 지경에까지 이르게 되었고, 이러한 편애는 결국 이복 형제들의 시기심과 질투심에 불을 질렀다. 형들은 힘든 농사일을 시키면서도 요셉은 일하는 대신 집에서 공부를 하도록 하는가 하면, 외출할 때 값비싼 채색 옷을 입혀 내보내는 등 대놓고 자신들을 차별 대우하는 일이 계속되었다. 게다가 요셉이 아버지의 첩이었던 빌하와 실바의 아들들과 함께 양을 치는 시기가 있었는데 그 형들이 제대로 양을 돌보지 않다가 다른 들짐승의 공격을 당하는 일이 발생하자 이 일을 부친에게 자세히 일러바치기까지 했다. 불난데 부채질 하는 격으로 요셉이 형들에게 들려주었던 꿈 이야기는 그들을 더욱 불쾌하게 만들었다. 꿈속에서 모든 형제들의 볏단이 자신의 볏단에 절을 했다든지, 해와 달과 열한 별이 자신에게 절했다는 등의 꿈 얘기는 그가 훗날 높은 관직에 올라자신들은 물론이고 부모까지도 요셉을 추앙할 것이라는 이야기였기 때문이었다. 그래서 언제 기회가 오면 이 잘난 체하는 놈의 버릇을 단단히 고쳐 주리라 앙심을 품고 벼르게 되었다(창세기 37:4-5).

어느 날 야곱은 라헬에게서 난 아들 요셉과 베냐민을 제외한 열 아들을 그 가족이 거주했던 헤브론 지역의 북쪽에 위치해 있는 세겜 땅 목초지로 보내 양들로 하여금 풀을 뜯게 하였다. 그곳이 주거지에서 상당히 멀리 떨어진 지역이었기 때문에 이들이 양들을 잘 돌보고 있는지가 무척 궁금하였다. 그래서 매사에 아비에게 순종하고 지시한 일을 잘 처리하는 요셉을 그곳으로 보내 형들이 양을 잘 돌보고 있는지 확인해 보기로 하였다. 아비 말이 떨어지기가 무섭게 요셉은 여장을 꾸려 형들이 있는 세겜 땅으로 향했다. 하지만 세겜 땅에 도착해 주변을 아무리 돌아다녀 보아도 양떼들과 형들의 모습은 보이지 않았다. 마침 지나가는 사람이 있어 형들의 소재를 물으니 거기에서 더 북쪽에 위치한 사마리아 산지의 도단 땅으로 이동하자는 얘기를 들었다고 귀띔해 주었다.

부지런히 발걸음을 재촉한 끝에 도단 땅에 이르니 멀리서 형들로 보

이는 무리와 양떼들을 발견하고서는
안도의 한숨을 쉬게 되었다. 멀리서
소리치며 달려오는 요셉의 모습을
보자 아들 중 어느 하나가 말했다.
"저 잘난 놈이 어떻게 여기까지 왔
지? 우리 허물을 찾아 지난 번 처럼
아비에게 일러바칠 것인가? 좋다.
이번 기회에 저 으쓱대는 놈을 없애
버리자. 집에서 멀리 떨어진 곳이니
짐승이 잡아먹었다고 둘러대면 그
만이 아닌가! 저 놈이 꿨다는 꿈도
엉터리였다는 것을 보여 줘야지!"
그러자 맏아들 르우벤Reuben이 말했

그림 2-4 요셉의 이동 경로

다. "요셉 때문에 기분이 나쁜 것은 사실이지만 우리 손으로 동생을 죽
이지 말자. 그냥 저기 있는 구덩이에 집어 던져 버리고 그 몸에는 손을
대지 않는 것이 좋겠어!" 르우벤은 잘난 체 하는 요셉을 이번 기회에 혼
쭐을 한번 내 주되 나중에라도 돌아와 구덩이에서 꺼내 줄 심산이었다.
이러한 르우벤의 속셈은 모른 채 그의 제안에 형제들이 일단 모두 동의
하였다. 이에 요셉이 도착하자마자 다짜고짜 그의 채색옷을 벗기기 시작
했다. 영문을 모르고 봉변을 당하던 요셉은 형들에게 제발 살려달라고
애걸하였다. 간절한 요청에도 아랑곳하지 않은 채 그들은 요셉을 구덩이
에 처넣어 버렸다. 팔레스타인 지방에서는 빗물을 받아 두기 위해 상당
히 깊은 웅덩이를 파 두곤 했었는데, 아직 물이 없는 그 깊은 웅덩이에
동생을 완력으로 밀어 떨어뜨린 것이다.

그때 야곱이 아내 레아에게서 낳았던 넷째 아들 유다Judah가 말했다.

"이 구덩이 안에서 동생을 굶어 죽게 한들 우리가 무슨 유익이 있겠는가? 차라리 이곳을 지나가는 다른 족속 이스마엘 사람들에게 팔아버리자. 요셉이 우리를 힘들게 했던 것은 사실이지만 그래도 우리 혈육 아닌가? 이 구덩이 안에서 요셉이 죽으면 우리 손으로 동생을 죽인 셈이 되지 않는가?(창세기 37:25-27)" 이 말은 들은 다른 형제들은 다시 한번 유다의 제안에 동의하였다. 그때 마침 미디안 출신의 몇몇 사람들이 옆으로 지나가는 모습을 본 어떤 형제가 소리쳤다. "요셉을 저들에게 넘겨버리면 되겠네!" 그들은 이집트 쪽으로 내려가는 미디안 무역상들이었는데 이들을 불러 구덩이에 있는 요셉의 몸값을 물으니 은 이십 개를 주겠다고 하였다. 애원하는 요셉의 청을 뿌리친 채 그를 끌어 올려 흥정했던 돈을 받고 상인들에게 그를 팔아버렸다.

요셉을 두고 거래가 이뤄지던 때에 잠시 자리를 비웠던 르우벤이 돌아와 구덩이에 그가 없는 것을 보고 깜짝 놀라 어찌된 일인지를 물었다. 자초지종을 들은 르우벤이 소리쳤다. "아. 동생이 사라졌으니 이제 우리는 어찌해야 할까?" 아버지가 크게 낙심하며 절망하는 모습이 눈앞에 아른거렸다. 모든 형제들의 장남이었던 르우벤이었기에 그 죄책감이 누구보다 크게 밀려왔다. 이번에 혼만 내주고 기회를 봐서 끌어 올려 줄 참이었는데 자기가 없는 중에 이 일이 벌어진 것이다. 큰 바윗덩이가 가슴을 짓누르는 느낌이었다. 그러나 어차피 엎질러진 물이었다. 서로 논의한 끝에 아버지에게는 짐승에게 물어 뜯겼다고 둘러대자며 입을 맞추었다. 이에 요셉의 찢어진 옷에다가 숫염소 피를 묻혀 아비가 속아 넘어가도록 그럴싸하게 증거를 조작했다. 이윽고 형제들이 집으로 돌아와 요셉의 피 묻은 옷을 내밀며 꾸며낸 이야기를 들려주니 아버지 야곱은 크게 울며 절망하였다. 사랑하는 아내 라헬이 낳아 준 요셉. 아비 말이라면 즉각적으로 순종하면서 영특하기도 해 눈에 넣어도 아프지 않았을 아들. 어미가 없이 청소년기를 지내야 했기에 더욱 애잔한 마음으로 아비의 사랑을 아낌없이 주었건만 이처럼 죽음으로 돌아오다니. 아들을 잃은 슬픔에 오랫동안 야곱의 눈가에 눈물이 마르지 않았다(창세기 37:34-35).

그림 2-5 요셉의 피 묻은 옷을 보며 슬퍼하는 야곱

부모의 양육태도가
범죄에 미치는 영향

17세의 미성년자였던 요셉. 그의 자유를 박탈하고 구덩이에 던져 넣어 자신들의 사실상 지배하에 두려했던 형들의 행위는 오늘날 한국 형법을 적용하면 제287조 미성년자 약취죄에 해당되며, 그를 미디안 상인에게 노예로 팔아넘긴 행위는 형법 제289조 인신매매죄에 해당된다. 만일

그 형제 중 누군가 요셉이 저 구덩이에 갇혀 굶어 죽어버려도 좋겠다는 의도로 밀쳐 넣었다면 적어도 살인미수의 죄책을 감당하게 될 것이다. 그렇다면 요셉의 형제들이 이러한 범죄를 저지르게 된 원인은 무엇이었을까? 그 첫째는 복잡한 야곱의 가족구조에서 자라난 아이들의 양육환경이 문제였고, 그 둘째는 아버지 야곱이 요셉을 이복형제들과 차별대우함으로써 다른 형제들의 시기와 질투심을 자극하였기 때문이었다.

　　야곱은 외삼촌 라반과 근로계약을 맺는 과정에서 본의 아니게 라헬의 언니 레아까지 정실부인으로 두게 되었고, 그들의 출산 경쟁에 떠밀려 레아의 여종 실바와 라헬의 여종 빌하조차 야곱의 첩이 되어 아들을 낳게 된 탓에 가족구조가 복잡해졌다. 이에 정실부인의 아들이냐 아니면 첩의 아들이냐에 따라 야곱이 그 아이들을 대하는 태도도 달랐을 것이다. 레아는 르우벤, 시므온, 레위, 유다, 잇사갈, 스불론 등 여섯 아들을 낳았고, 라헬의 여종이었던 빌하는 단과 납달리 두 아들을 낳았으며, 레아의 여종이었던 실바도 갓과 아셀 두 아들을 낳았지만, 야곱이 가장 사랑했던 아내 라헬은 오랜 기간을 불임으로 지내야만 하는 수치를 겪어야 했다. 그러던 어느 날 결코 임신하지 못할 것 같았던 그녀가 아이를 갖게 되어 요셉을 낳게 되자 그녀는 물론 아비 야곱도 크게 기뻐하였다. 그러나 그로부터 16년 후 라헬이 50세가 되던 때, 야곱일행이 고향으로 이동하던 중에 벧엘 인근지역에서 라헬이 둘째 아이를 낳다가 그만 죽고 만다. 가장 사랑했던 아내를 먼저 떠나보내야 했던 야곱. 그의 애잔한 마음은 그녀가 나아 준 아들 요셉과 베냐민을 향한 차별적 사랑으로 나타났다. 특히 총명했을 뿐 아니라 아비 말에 즐겨 순종하고, 하나님 말씀에 관한 공부도 게을리하지 않았던 착한 요셉이 너무도 사랑스러웠기에 애지중지하였고, 심지어 명품 채색옷을 사 입히기까지 했다. 더 나아가 요셉에게 형들의 동태를 살펴 보고하는 역할까지 시켰으니 아비의 차별대우에 따른 형들의 불만과 시기심이 얼마나 컸는지 짐작할 수 있다.

야곱의 열 아들 중에 누가 가장 요셉을 해칠 의도가 컸을까? 그것은 아마도 야곱의 첩 빌하의 아들이었던 단과 납달리, 그리고 다른 첩 실바의 아들이었던 갓과 아셀 등 네 명이었을 가능성이 높다. 이들 네 명은 이미 요셉의 내부고발로 말미암아 상처를 입은 적이 있었고(창세기 37:2), 첩의 아들을 정실부인의 아들보다 야곱이 더 엄하게 다뤘으리라 생각되기에 아비에 대한 반감도 다른 이들보다 컸을 수 있다. 본질적인 측면에서 살펴보면 그들의 어머니 빌하나 실바는 야곱에게 자녀를 낳아 준 씨받이 역할을 했던 정실부인의 여종들이었으므로 레아나 라헬과 동등한 수준의 인격적 대우를 받지 못했을 것이다. 이런 복잡한 가정구조 속에서 살아가야 했던 첩들은 낮은 자존감으로 말미암아 그 자녀들과 건강하고 안정적인 애착관계를 형성하기가 어려웠을 것이다.

많은 심리학자들은 아동기 정서발달의 핵심요소로서 애착attachment을 들고 있다. 생후 1년 이내에 있는 어린 유아와 그를 돌보는 자 사이의 애착관계의 질이 그 사람의 인지적·사회적 발달에 결정적 영향을 미친다는 것이다. 대개 어머니가 유아와 애착관계를 맺는 상대방이 되지만 어머니가 없을 경우에는 보모나 아버지와 같이 밀접한 관계를 갖게 되는 자도 그 상대방이 될 수 있다. 즉, 유아시절 가장 가까이 있는 부모의 양육태도가 건전한 애착관계 형성에 있어서 중요한 역할을 하게 되는 것이다.[1]

애착의 유형에는 안정애착secure attachment, 저항애착resistent attachment, 회피애착avoidance attachment이 있는데, 안정애착 관계를 형성하는 보호자는 유아들의 요구에 민감하게 반응하고 감정표현이 풍부한 반면, 저항애착 관계를 형성하는 보호자는 유아들에게 관심을 갖고는 있지만 유아들의 요구를 정확히 알지 못하여 그들의 행동을 잘못 이해하기 때문에 일관성 없는 훈육 태도를 보이게 된다.[2] 회피애착 관계에 있는 보호자는 유아에 대한 관심이 별로 없기에 자기중심적 행동이나 엄격하고도 강압적인 행동을 나타낸다. 그래서 보호자와 분리될 때 약간의 슬픔은 나타내긴 하지만 다시 돌아오더라도 무시하거나 회피하는 반응을 보인다.[3] 범죄학심리학에서는 저항애착과 회피애착 증세를 보이는 아동이 범죄행동에 친화적일 수 있다고 말하고 있다. 만일 빌하나 실바가 자신들은 야곱에게 아들을 낳아 준 도구로 사용되었다는 정체감을 가졌을 가능성이 높기에 자녀들의 섬세한 요구에 민감하게 반응하기보다는 무관심과 일관성 없는 훈육태도를 보였을 수 있다. 이러한 훈육태도는 부모와 자녀 간에 저항애착과 회피애착관계를 형성하게 되어 아이들을 비행으로 이끌 수 있는 것이다.

그렇다고 정실부인의 아들들이 모두 훌륭했던 것도 아니다. 야곱의 첫 번째 아내였던 레아에게서 태어난 시므온과 레위가 여동생 디나의 강간범과 그 가족들을 아버지와 의논도 하지 않고 몰살시켜 버렸고, 장남 르우벤은 아버지의 첩 빌하와 간통을 하기도 했으며, 유다는 성욕을 해결하기 위해 창녀를 찾아가기도 하였기 때문이다. 다만, 다른 형제들이 드단 광야에서 요셉을 죽이자고 했을 때 그것을 막았던 이들은 정실부인의 아들이었던 르우벤과 유다였다. 이들이 위기의 순간에 최소한의 도덕적 결단력을 발휘할 수 있었던 것은 르우벤과 유다가 그래도 다른 이들보다는 어린 시절에 모친과 안정적 애착관계를 발전시킬 수 있었기 때문이었을 것이다.

유아시절 어머니와 아이 상호간에 애착관계도 중요하지만 성장하는 청소년기에 여러 자녀들을 양육하면서 각자의 개성을 발견해 주고 개별적인 성장 잠재력을 평가해주어 골고루 자존감을 높여주는 보호자의 가정교육도 매우 중요하다. 하지만 야곱은 요셉을 지나치게 편애하였다. 그의 살아온 인생여정이 평탄치 않은 탓도 있겠지만 가나안 땅에 정착했을 때는 어느 정도 안정된 시기였으므로 좀 더 지혜롭게 자녀들을 양육해야 했다. 비록 첩의 아들들이라 할지라도 그들의 장점을 발견하고 잘한 점을 칭찬해 주어 자존감을 높여주어야 했고, 형들의 과실을 고발하는 일이 있을 때에는 다른 아들들에게 상처가 되지 않도록 현명하게 처리해야 했다. 요셉이 아무리 사랑스럽더라도 그에게만 명품 옷을 사서 입혀주게 되면 형들의 질투 때문에 요셉이 곤경에 처할 수 있다는 것쯤은 짐작할 수 있어야 했다. 아비의 전폭적 사랑으로 인해 요셉이 기고만장한 상황에서 첫 번째 꿈 얘기를 하였을 때, 교만한 자가 겪게 되는 위험을 미리 알려줌으로써 겸손한 자세를 갖는 법을 교육시켜야 했지만 그렇게 하지 못했다. 결국 요셉이 이집트에 노예로 팔려가게 된 사건은 그 배후에 하나님의 섭리가 작용하고는 있었지만, 야곱의 편애와 요셉의 교만과 다른 자녀들의 시기심에 따른 분노가 어우러지면서 발생한 사건이기도 했다.

편애와 교만과 분노의 뿌리

야곱이 드러내 놓고 요셉 이외의 다른 아들을 차별대우하였던 점이나 요셉이 아버지 사랑을 등에 업고 형들의 잘못된 행동들을 공공연히 일러바쳤던 행위는 분명 인간관계를 해칠 소지가 있는 문제 행동들이었다. 동생을 특별하게 예뻐하는 부친에 대한 서운함을 요셉에 대한 약취유인과 인신매매로 보복했던 형들의 행동은 더더욱 문제가 아닐 수 없다. 야곱의 나이가 100세를 훌쩍 넘었으니 인생을 살아가는 지혜가 번뜩일 법하고, 이집트로 팔려간 요셉도 훗날 약관의 나이에 그 나라 총리가 되었으니 젊은 시절 지혜가 탁월했었을 것임에도, 어찌 다른 아들들의 질투와 분노를 살만한 행동을 그 아비가 했던 것이며, 어찌 신실하게만 여겨지던 요셉이 형들의 분노를 불러올 어리석은 언행을 했었을까! 결국 지혜자이건 우매자이건 간에 타락한 인간의 본성 탓에 모든 인간은 누구나 내면 깊이 자리한 죄의 냄새를 부지불식간에 풍기며 살아가고 있음을 알 수 있다. 성경은 타락한 인간의 실존에 대하여 이렇게 말하고 있다.

> "의인은 없나니 하나도 없으며 깨닫는 자도 없고 하나님을 찾는 자도 없고 다 치우쳐 함께 무익하게 되고 선을 행하는 자는 없나니 하나도 없도다(로마서 3:10)."

현대 범죄학은 인간의 타락한 본성에서 분출되는 편애와 교만, 시기와 질투 등이 범죄로 연결되는 과정을 관찰하고, 이를 통제할 수 있는 메커니즘을 연구하여 제시하고 있다. 하지만 범죄학은 인간의 범죄성이 외부로 드러나거나 그럴 조짐이 분명히 외부로 표출될 때 비로소 범죄원인을 분석하고 범죄통제를 위한 대책을 제시할 수 있을 뿐, 인간 내면에 숨어 있는 범죄성의 본질은 터치하지 못한다. 하지만 종교의 영역에서는 인간 범죄성의 근본적 치유책이 제시되고 있으며 많은 사람들이 그 치유를 맛본 후 전인격적인 변화를 경험했다고 말하고 있다.

> "이제는 너희가 죄로부터 해방되고 하나님께 종이 되어 거룩함에 이르는 열매를 맺었으니 그 마지막은 영생이라(로마서 6:22)"

> "그런즉 누구든지 그리스도 안에 있으면 새로운 피조물이라. 이전 것은 지나갔으니 보라 새 것이 되었도다(고린도후서 5:17)"

인류에게 유전되고 있는 원죄의 무거운 짐, 곧 인류의 조상 아담의 반역에서 비롯된 죄의 채무가, 죄 없는 유일한 인간이었던 예수의 대속적 죽음을 통해 그 죄의 빚이 모두 청산되었기에, 자신의 죄인 됨을 고백하고 예수가 성취해 놓은 이 사실을 믿음으로 받아들이는 자마다 영적 세계에서는 죄 없는 의인으로 간주되는 '칭의(稱義)'의 효험을 몸소 체험할 수 있게 되어 죄로부터 해방되는 환희를 맛볼 수 있음을 많은 신앙인들이 증언하고 있는 것이다. 이러한 영계(靈界)의 변화가 전인적 변화로 이어지고, 거룩한 삶에 대한 열망도 불어 넣어주게 되면, 인간 내면에 자리한 범죄적 본성에 대한 놀라운 통제력을 갖게 될 것이므로, 현대 범죄학이 이러한 영역을 기존의 과학적이고 체계적인 범죄예방책과 함께 결합해 나간다면 범죄문제의 궁극적 해결에 획기적인 진보가 있을 것이다.

**쉬어
가기** 형법 제287조에서는 미성년자 약취·유인죄를 범한 경우 10년 이하의
징역에 처하도록 규정하고 있다. 이 범죄의 주체는 미성년자 본인을 제외한
모든 자연인이 주체가 되므로 실부모도 그 주체가 될 수 있음은 물론 그 형제자매도
범행의 주체가 될 수 있다. 우리 민법은 미성년자를 20세 미만자로 규정하고 있으므
로 본문에서 요셉의 나이가 대략 17세 가량이었기 때문에 형들은 미성년자 약취·
유인죄의 죄책을 지게 된다.

약취행위란 폭행이나 협박을 사용하여 사람의 자유로운 생활관계 또는 보호관계
로부터 이탈하게 하여 자기 또는 제3자의 사실적 지배하에 두는 행위를 의미한다.
유인행위는 그 수단에 있어서 기망 또는 유혹행위의 방법을 사용한다는 점에서 약취
와 차이가 있을 뿐이다. 약취의 수단인 폭행이나 협박은 자기 또는 제3자의 실력적
지배 내에 둘 수 있는 정도의 것이면 충분하고 반항을 억압할 수준에 이를 필요는
없다. 따라서 본문에 나오는 것처럼 요셉을 구덩이에 빠뜨린 행위는 그 형들의 실력
적 지배 내에 두기 위한 폭행행위이기 때문에 약취행위에 해당한다.

형법 제289조의 인신매매죄는 이미 실력적 지배 또는 사실상의 지배에 있는 사
람을 돈을 받고 팔아넘김으로써 성립되는 범죄이다. 이 죄의 주체 또한 제한이 없기
때문에 친권자인 부모는 물론이고 배우자나 형제자매도 이 죄를 범할 수 있다. 또한
국외에 이송할 목적으로 사람을 약취·유인하거나 약취·유인된 사람을 국외에 이송
한 사람(형법 제288조 제3항), 혹은 국외에 이송할 목적으로 사람을 매매하거나 매
매된 사람을 국외로 이송한 사람(형법 제289조 제4항)은 2년 이상 15년 이하의 징
역에 처하도록 하고 있다. 야곱의 열 아들은 처음부터 이집트에 이송할 목적으로 요
셉을 약취·유인한 것이 아니었지만, 약취·유인한 상황에서 이집트로 향하는 미디안
상인들에게 요셉을 판 것으로서, 약취·유인 행위의 과정에 국외이송 목적이 생겼어
도 사전에 그 목적이 있었던 것과 동일하게 형법 제289조 제4항(국외 이송목적 인
신매매죄)이 적용된다.4)

3

간음을 은폐하기 위한 살인
: 다윗

> "다윗이 보내어 그 여인을 알아보게 하였더니 고하되
> 그는 엘리암의 딸이요 헷 사람 우리아의 아내 밧세바가
> 아니니이까. 다윗이 사자를 보내어 저를 자기에게로
> 데려오게 하고 저가 그 부정함을 깨끗케 하였으므로
> 더불어 동침하매 저가 자기 집으로 돌아 가니라."
>
> (사무엘하 11:3~4)

목동이자 사울 왕의 악사(樂士)로 지내던 소년 다윗이 부친의 심부름으로 전쟁터에 갔다가 신장이 293cm에 이르는 적군 블레셋의 장수 골리앗을 물맷돌로 쓰러뜨리는 용맹을 발휘했던 시절이나, 시기심에 사로잡혀 자신을 죽이려고 집요하게 추적하던 사울 왕을 피해 이곳저곳으로 도피하던 시절의 다윗은 하나님을 향한 순수한 신앙과 정결한 삶으로 빛나던 때였다. 그렇기에 하나님이 "내가 이새의 아들을 만나니 내 마음에 맞는 사람이라. 내 뜻을 다 이루리라."고 하였던 것이다(사도행전 13:22).

그러던 그가 남 유다와 북 이스라엘의 통일왕국의 최고 권력자로 등극하게 되고, 모든 전쟁에서 연전연승을 거듭하게 되자, 그만 긴장이 풀린 탓에 성적 유혹에 빠져 큰 죄를 짓고 만다. 자신의 막강한 권력을 이용하여 충성스런 부하의 아내를 범하고 만 것이다. 인간은 고난을 가능한 한 피하려 하고 평안함을 구하지만, 사실 평안할 때야말로 도덕적으로 긴장을 해야 할 때임을 다윗의 사례를 보면 알 수 있다.

인간은 누구를 막론하고 죄를 지을 가능성이 있는 존재이다. 다만, 그 죄의 소욕을 다스리고 통제하며 살아갈 뿐이다. 부주의로 인해 그 통제의 끈을 놓치거나, 여러 가지 이유로 인해 자기통제 기술을 발휘하지 못하든지 그 능력을 상실하게 되면 범죄의 길로 나아가게 된다. 늘 자신을 성찰하며 겸허한 마음으로 자신을 돌아보는 습관은 우리를 범죄의 유혹으로부터 지켜주는 안전핀 역할을 하고 있는 것이다.

성공의 정점에서 발생한 과오

　이스라엘의 초대 왕이 었던 사울Saul의 핍박과 살 해위협을 잘 견뎌낸 다윗 David은 B.C.1010년 경 드 디어 유다 지파의 왕으로 등극한다. 이후 나머지 다 른 이스라엘 지파들을 이 끌었던 왕 이스보셋이 죽 으면서 B.C.1003년 경 마 침내 다윗은 통일왕국의 수 장이 되었고, 이스라엘 주 변을 둘러싼 블레셋, 모압, 아람, 에돔 족속들을 차례 로 정복하면서 그의 왕국 은 대내외적으로 더욱 강 성한 나라가 된다.

그림 3-1 통일 왕국을 이룬 다윗 왕

　위 족속들을 상대로 1, 2차 정복전쟁을 할 때에는 다윗이 전장에 직 접 출정하여 군사를 진두지휘하곤 했는데 그때마다 여러 용사들은 목숨 을 아끼지 않고 용감하게 싸워 승리를 쟁취하였다. 정복전쟁의 마지막은 암몬Ammonites 자손과의 싸움이었다. 이 전투에서 일단의 승리를 거둔 이 스라엘 군대는 당분간 예루살렘 성으로 복귀하였고 암몬 자손은 랍바 Rabbah 왕성으로 패주하여 다음 전쟁을 치를 채비를 하였다.

해가 바뀌어 봄이 되자 암몬 자손 정벌을 위해 다윗 왕은 요압Joab 장군과 왕의 신복들에게 군사를 맡겨 다시 출정시켰다. 이때 다윗은 전쟁에 직접 참여하지 않았다. 1, 2차 정복전쟁에서 빛나는 승리를 거두었을 뿐만 아니라 지난 번 암몬 자손과의 전투에서 사실상 완전한 승리를 거두었기 때문에 이번 랍바성 전투는 부하 장수들만 내 보내도 매우 쉽게 승리할 수 있

그림 3-2 다윗을 죽이려는 사울

다고 생각했기 때문이었다. 이제 자신의 군대를 당할 족속은 없다고 생각한 것이다(사무엘하 11:1).

사울 왕의 핍박과 살해 위협을 피해 도피하던 세월이 어언 10여년. 그간 얼마나 마음고생이 심했던가. 동굴 속에 숨어 지낸 것이 몇 년이었으며, 이방 왕의 손에 죽을 것 같아 침을 질질 흘리며 미친 사람 행세를 했을 당시 그의 심정은 또 어떠했던가? 그 시련의 세월을 이겨내고 나니 드디어 이스라엘 모든 지파가 자신을 왕으로 추대하기에 이른 것이다. 통일왕국 수립에 함께 협조하기로 했던 이스보셋 왕 산하의 군대사령관 아브넬Abner 장군이 자신의 심복 요압 장군에 의해 살해되는 가슴 아픈 일도 있었지만 그래도 요압장군이 현재 자신을 위해 충성하고 있다는 사

실에 안도감을 느꼈다.

군대가 출정한 후 왕궁은 고즈넉했지만 온 이스라엘 백성들이 자신의 휘하에 있다는 생각을 하면 할수록 감개가 무량할 뿐이었다. 자신이 섬기는 하나님이 이처럼 자신을 높여주셨다는 사실이 큰 감격으로 다가왔다. 그래서 이 날은 그간의 수고로움을 달래며 마음껏 안식을 취하고 싶었다. 아침에 군대가 출정한 후 그 벅찬 마음을 삭이면서 한가롭게 시간을 보내다가 잠깐 침대에 누웠는데 잠이 들고 말았다. 후에 깨어보니 어느덧 저녁이 되어 해가 뉘엿뉘엿 지고 있었다.

잠시 바람을 쐬면서 정신을 차릴 겸 예루살렘 성이 한 눈에 내려다보이는 왕궁 지붕 위 통로를 거닐었다. 이방 나라들을 전쟁으로 차례차례 복속시키고 이스라엘 열두 지파에 의해 마침내 왕으로 추대되었다는 사실이 그저 꿈만 같았다. 드디어 눈 아래 내려다보이는 이 넓은 예루살렘성의 최고 권력자가 된 것이다! 이때 언뜻 왕궁 아래에 있는 주변 저택 옥상에서 한 여인이 목욕하는 장면이 눈에 들어왔다. 자세히 살펴보고 있노라니 저녁 햇살에 비추인 그녀의 모습이 너무나도 아름답게 보였다. 부하를 불러 그 여인이 누구인지 알아보도록 하였더니 헷 족속 출신으로서 전쟁터에 나가 싸우고 있는 용사 우리아Uriah의 아내 밧세바Bathsheba라는 전갈이 왔다.

그 순간, 그녀의 남편이 지금 전쟁터에 나가 있는 중이니 잠시 그녀를 왕궁으로 불러 함께하는 시간을 가져도 큰 문제가 될 것 같지 않다는 생각이 들었다. 자신은 모든 백성의 생사여탈권을 쥐고 있는 이 나라의 최고 권력자 아니던가! 잠시 얼굴만 보고 다시 집으로 보내고자 하는데 그 무슨 허물이 되겠는가? 이런 생각으로 부하를 시켜 그 여인을 왕궁으

그림 3-3 다윗과 밧세바

로 불러들였다. 하지만 부름을 받고 온 밧세바의 모습에 왕의 정신이 혼미해지더니 결국 그녀와 잠자리를 같이하고야 말았다. 그런 연후에 왕은 마치 아무런 일이 없었던 것처럼 조용히 그녀를 집으로 돌려보냈다(사무엘하 11:4).

수치를 은폐하기 위해
진행된 간접살인

그런데 문제가 생겼다. 밧세바가 임신했다는 사실을 알려온 것이다. 다윗은 고민에 빠졌다. 이 일을 어찌할 것인가? 남편이 전쟁터에 있는데 아내가 임신했다는 사실이 들통나면 그녀는 죽음에 처해질 수 있을 것이고, 왕이 전쟁터에 있는 부하의 아내를 취하여 임신시켰다는 사실이 밝혀지면 왕의 명예에 타격이 갈 것이며, 군인들의 사기는 저하되고, 백성들의 민심도 흉흉해질 것이다. 그래서 이 난제를 해결할 수 있는 길은 우리아를 불러들여 부인과 동침하도록 여건을 조성해 주는 방안밖에 없다는 생각이 들었다.

이에 다윗은 전쟁터에 사람을 보내 우리아를 왕궁으로 불러들였다. 그는 마치 전쟁 상황이 궁금한 것처럼 부름 받아 온 그에게 전쟁터의 형편을 물은 뒤 음식을 챙겨 보내며 집으로 가서 쉬기를 권하였다. 그러나 일이 뜻대로 되질 않았다. 충성스런 우리아는 동료들이 전쟁터에서 싸우고 있는데 자기만 집에 가서 편히 쉴 수 없다며 왕궁에 있는 경비 막사에서 동료들과 함께 잠을 잔 것이다. 이튿날 다윗이 일부러 술상을 베풀어 그를 취하게 만들어 보아도 그날도 역시 집으로 가지 않고 동료들과 잠자리를 같이 하는 것이었다.

난감해진 다윗은 최후의 방안을 쓰기로 했다. 전쟁터에서 우리아가 죽어줄 수만 있다면 이 골치 아픈 문제가 해결될 수 있다는 아이디어가 떠오른 것이다. 즉시 요압장군에게 편지를 썼다. "이 편지를 받은 즉시 우리아를 전쟁터 최전방으로 내보내 적의 공격을 받아 죽게끔 하라. 아군이 옆에 있더라도 그를 돕지 말고 뒤로 물러서도록 하라." 이 내용이 담긴 편지를 밀봉한 뒤 우리아의 손에 들려 보내면서 요압장군에게 전달하도록 하였다. 우리아는 그 편지가 자신을 죽음으로 몰아넣는 서신인줄도 모르고 전쟁터로 내달려 요압장군에게 이를 전해 주었다(사무엘하 11:14-15).

이 편지를 읽은 요압은 평소 부하를 아끼는 왕의 태도와는 다르게 이처럼 충성스러운 용사 우리아를 왜 전쟁터에서 죽게 하려는 것인지 처음에 의아해했다. 하지만 왕에게 무슨 연유가 있으리라 생각하고 명령대로 일을 수행하기로 했다. 우리아를 다윗의 신복이었던 몇몇 군사들과

그림 3-4 우리아에게 편지를 건네는 다윗

함께 강력한 적군 용사들이 집결하고 있어 전투가 매우 치열한 지역으로 진격시켰다. 결국 우리아와 그의 일부 동료들이 이 전투에서 죽고 말았다. 이에 요압도 다윗 왕에게 사람을 보내 우리아의 죽음을 알렸다. 그 소식을 들은 다윗은 마음 한 구석에 죄책감이 들긴 했으나 자신의 간음 사실이 탄로 나지 않은 것과 밧세바의 생명을 건질 수 있게 되었다는 사실에 안도의 한숨을 쉬었다.

우리아의 장례식이 끝나자 다윗은 밧세바를 왕궁으로 데려와 자신의 처로 삼았다. 전장에서 순직했던 충성스런 장수의 가족을 왕이 넓은 아량을 베풀어 그들의 여생을 끝까지 책임져주는 모양새를 보인 것이다. 이리하여 다윗과 밧세바 간에 있었던 간통사건은 크게 외부에 알려지지 않고 조용히 끝나는 듯했다. 하지만 이 사건이 나단Nathan 선지자에 의해 공개되고 만다. 충성스런 부하의 아내를 간통하는 것도 모자라 그 부하를 전쟁터에 내보내 죽게 만든 처사가 매우 악한 행동임을 알리면서 그에 대한 대가를 치를 것임을 통지한 것이다. 즉, 밧세바에게서 낳은 아들이 죽을 것이며, 다윗의 집안과 그 후손들 사이에 권력투쟁의 재앙이 끊이지 않을 것이고, 다윗왕의 아내들이 백주 대낮에 타인과 동침하게 되는 사건이 발생하리라고 예언한 것이다(사무엘하 12:9).

이 예언대로 다윗과 밧세바 사이에서 태어난 첫 아이는 앓다가 죽어버렸고, 다윗의 처 마아가에서 나은 아들 압살롬Absalom이 이복 형제 암논Amnon을 살해하는 끔찍한 사건이 발생하였으며, 후에는 압살롬이 왕권 찬탈을 위한 반란까지 일으켜 다윗 왕이 예루살렘에서 쫓기는 신세가 되

그림 3-5 다윗을 책망하는 나단 선지자

고 말았다. 더 나아가 나단이 예언한대로 압살롬은 아버지의 후궁들과 백주 대낮에 공개적으로 동침하는 악을 저지르기까지 하였다. 성공의 정점에 있던 다윗이 교만한 마음을 가지고 잠시 방심하던 중에 부하의 아내를 간음하고 이를 은폐하고자 그의 남편을 고의적으로 전쟁터에 나가 죽게 만드는 악행을 함으로써 왕으로서 그의 명예와 도덕성이 땅바닥으로 곤두박질치고 만 것이다.

범죄충동의 억제와 범행의 정당화

범인이 정신질환을 앓고 있지 않는 한 대부분의 사람들은 타인에게 피해를 주는 범죄행위를 하게 되면 죄책감을 갖게 된다. 그래서 죄책감의 강도가 강하면 강할수록 범죄를 할 가능성은 그만큼 줄어든다. 그렇다면 정신적으로 지극히 정상적인 사람들이 그러한 죄책감의 무게를 어떻게 극복하고 범죄를 저지르게 되는지가 궁금해진다. 그 이유에 대한 학자들의 설명은 다양하지만 범죄행위가 범죄자의 의지적 결단에서 비롯된 것이라고 보는 관점과, 범죄자 개인을 둘러싸고 있는 사회적 환경과의 상호작용 때문이라고 보는 관점 두 가지를 가지고 그 원인을 설명해 볼 수 있다.

먼저 범죄행위가 범죄자의 의지적 결단에서 비롯된다고 보는 입장에서는 범죄행위를 함으로써 누릴 수 있는 쾌락이 범죄가 들통남으로써 당하는 괴로움보다 훨씬 크다고 여겨질 때 범죄행동으로 나가게 된다고 말한다. 이를 소위 '쾌락주의적 계산이론hedonistic caculation theory'에 따른 범죄행동의 선택이라고 한다. 이와 유사한 범죄이론으로서 '합리적 선택이론rational choice theory'도 있다.[1] 범죄로 인해 발생하는 비용과 범죄로 인해 얻게 될 이익을 상호 비교하여 범죄를 통해 얻는 이익이 범죄 후 치러야 할 비용을 넘어서면 범행을 저지른다는 것이다.

범죄행동이 한 개인의 자유롭고도 독자적인 의사결정에 의해 이뤄진 다는 입장과는 달리 개인의 범죄적 행동은 사회환경에 의해 영향을 받는 다는 주장도 있다. 예를 들어 법 위반을 대수롭지 않게 여기는 친구와 가 까이 지내다 보면 어느덧 그 친구처럼 범죄의 세계로 빠져들 수 있다는 것이다. 그런가 하면 동료들의 범죄행동이나 매스컴에서 보도되는 범죄 를 모방하여 범죄를 하게 된다는 이론도 있다.

한편, 아무리 범죄적 충동이 있다 할지라도 가정이나 학교 및 직장 에서 인간관계의 유대가 탄탄하거나 적극적으로 사회가 요구하는 과업을 잘 수행해 나가고 있는 사람은 범죄의 길을 선택할 가능성이 낮다는 주 장이 있다. 이 외에도 사람은 누구나 범죄의 유혹에 노출될 수 있으나 긍 정적 자아상을 가진 사람들은 자신의 행동을 통제하기가 용이하고, 그런 역량이 부족하다 할지라도 자신의 행동을 감시하는 사회적인 견제장치가 잘 작동하면 범죄가 억제될 수 있다고 보는 시각도 있다. 또 어떤 사람은 양심의 가책 때문에 범행을 못하다가도 그 죄책감을 덜어낼 수 있는 '중 화기술neutralization technique'을 습득하게 되면 범죄행동으로 나아갈 수 있 다고도 한다. 도스도예프스키의 소설 '죄와 벌'에서 등장하는 주인공 라 스코르니코프가 고리대금업자인 노파를 살해하면서 자신의 살인행동은 '사회의 종양'을 제거하는 행위라고 스스로 정당화한 것도 일종의 중화기 술을 발휘한 것에 해당한다.

이런 다양한 범죄이론을 토대로 그토록 신앙 좋은 다윗이 어찌하여 간음과 살인의 범죄를 저지르게 되었는지를 분석해 볼 수 있다. 우선 다윗은 막강해진 자신의 권력을 이용해 밧세바를 간음함으로써 쾌락을 극대화시킬 수 있다는 판단을 한 것으로 보인다. 특히 남편 우리아가 전장에 나가 있는 동안 은밀하게 이 일을 행하면 큰 문제가 없을 것으로 생각했을 것이다. 설령 이 일이 탄로 난다 할지라도 그녀의 남편 우리아가 가져다 줄 리스크는 자기가 가지고 있는 막대한 권력과 그것을 바탕으로 누리는 성적 쾌락에 비해 작아 보였을 것이다. 범죄로 인해 자기가 치러야 할 대가와 비용보다는 목전에 놓여 있는 쾌락의 크기가 훨씬 커 보였던 것이다.

하지만 그의 쾌락주의적 계산이론과 합리적 선택이론에 바탕을 둔 행동은 밧세바가 임신함으로 꼬이기 시작했다. 그의 범죄를 은폐하기 위해 남편 우리아를 전쟁터에서 불러들여 아내와 잠자리를 갖도록 유도했지만 충성스런 그는 왕의 요청을 거절하고 자택에 들어가질 않았다. 결국 밧세바의 임신 사실과 자신의 성범죄를 은폐하기 위해 제2차 범죄가 시도된다. 자세한 세부 사정을 모르는 요압장군에게 명령하여 충신 우리아를 싸움이 극렬한 최전방으로 보내어 죽게 하라는 지시를 함으로써 소위 손 안대고 코푸는 방식으로 사람을 죽이는 간접정범 형태의 비열한 살인죄를 범하게 되는 것이다. 이 일로 인해 다윗 왕가에서는 골육간의 칼부림이 떠나질 않게 되고, 아들 압살롬의 쿠테타에 의해 왕이 궁궐에서 쫓겨났음은 물론, 다윗의 처들이 그로부터 성폭행을 당하는 일들이 발생하게 되었으니, 범죄로 인해 발생한 비용 규모를 따져보면 다윗이 치러야 했던 댓가가 그가 누렸던 쾌락보다 훨씬 큰 것이어서 다윗의 밧세바 간음사건은 전혀 합리적인 선택이 아니었다는 것을 알 수 있다.

그렇다면 과거 지혜롭게 행동했던 다윗이 왜 이처럼 어리석은 결정을 하게 되었을까? 그것은 그가 최고 권력자에 오르면서 그를 통제해 줄 견제장치가 없었기 때문이었다. 자신을 죽이고자 했던 사울 왕이 세상을 떠나자 자신이 통일왕국의 수장이 된 데다가 주변 이웃나라와의 싸움에서 연전연승을 하던 다윗이었기에 승리에 도취되어 최고 권력자로서의 희열에 휩싸인 가운데 자기통제의 견제장치가 제대로 작동되지 않았던 것이다. 뿐만 아니라 그의 곁에서 친밀한 유대를 통해 그를 붙들어 줄 사람도 없었기에 마음이 방만해질 가능성이 농후했다. 절대권력은 절대부패로 이어진다는 공식이 신앙 좋은 다윗에게도 그대로 적용되었던 것이다.

　　개정되기 이전 구(舊) 형법(법률 제6543호, 2001.12.29.) 제241조에서는
간통죄를 처벌하는 규정이 있었다. 즉, 배우자 있는 자가 다른 상대방과 성
행위를 하게 되면 간통행위를 한 두 사람 모두를 2년 이하의 징역에 처한다고 규정
하고 있었던 것이다.

　　그러나 2015년 2월 26일 헌법재판소 판결에 의해 형법 제241조의 간통죄 규정
이 위헌이라는 결정이 내려짐에 따라 현행 형법은 간통죄를 처벌하지 않고 있다. 이
는 결혼과 성에 대한 국민의 의식변화, 성적 자기결정권을 보다 중시하는 인식의 확
산, 개인의 사생활에 대한 국가의 지나친 개입의 회피, 형벌로 혼인과 가정의 유지를
강제하는 것의 부적합성 등이 이유로 제시되었다. 아울러 간통행위의 피해자는 배우
자를 상대로 한 재판상 이혼청구, 손해배상 청구 등 민사상의 제도에 의해 효과적으
로 보호될 수 있다는 것도 한 논거로 거론되었다. 현행 형법에 따라 다윗의 행위를
간통죄로 처벌할 수 없다 하더라도 부하의 아내를 왕이라는 지위를 이용하여 간음한
행위는 도덕적으로 비난받아 마땅하다.

　　한편, 다윗은 자신의 범행을 은폐하기 위해 무고한 그녀의 남편 우리아를 살해하
였다. 우리 형법은 비록 자신의 손으로 직접 죽인 것이 아니고 그 속사정을 모르는
타인을 이용하여 죽였다 하더라도 직접 살인을 한 것과 동일한 형으로 처벌하도록
되어 있다(형법 제31조 제1항, 제34조 제1항). 다윗과 같은 방식으로 자신의 범죄의
사를 실현하는 범죄자들을 '간접정범(間接正犯)'이라고 부른다. 그는 악한 의도를 품
고서 간접정범 형태로 우리아를 살해 한 모살자(murderer)였던 것이다.

4

지역 주민에 의한
성범죄와 보복 살인
: 시므온과 레위

"히위 족속 중 하몰의 아들 그 땅 추장 세겜이
그를 보고 끌어들여 강간하여 욕되게 하고"

(창세기 34:2)

이스라엘 율법은 어떤 남자가 약혼한 처녀를 들에서 만나 강간하였으면 그 강간한 남자를 죽이라(신명기 22:25)고 하면서도, 만일 남자가 약혼하지 아니한 처녀를 만나 그를 붙들고 동침하는 중에 그 두 사람이 발견되면 그 동침한 남자는 그 처녀의 아버지에게 은 오십 세겔을 주고 그 처녀를 아내로 삼을 것이며 평생에 그를 버리지 못하리라(신명기 22:28~29)고 규정하고 있다.

이로 볼 때 하몰의 아들 세겜이 야곱의 딸 디나를 강간한 것은 비난받아 마땅하지만, 디나가 아직 약혼한 처녀가 아니었기 때문에 세겜이 디나를 욕보인 것에 대하여 충분한 금전적 댓가를 치르고 그녀를 아내 삼겠다고 의견을 표명한 것은 일견 이스라엘 율법에 부합하는 면이 있었다. 그럼에도 불구하고 시므온과 레위가 보복적 차원에서 하몰 족속을 몰살시켜 버린 것은 지극한 분노의 결과였다.

분노는 이처럼 끔직한 범죄를 초래하는 원인이 된다. 사람들은 살아가면서 누구나 좌절적 상황을 직면할 수 있다. 이때 분노로써 공격적 행동을 나타내는 사람도 있지만 그 분노를 잘 다스리는 사람도 있다. 이 차이는 어디에서 오는 것일까? 미련한 자는 당장 분노를 나타내거니와 슬기로운 자는 수욕을 참는다고 하였기에(잠언 12:16) 좌절을 안겨주는 상황에 직면하더라도 급하게 분을 내기보다 잠깐 동안의 그 욕됨을 참으면서 자신이 처한 상황을 지혜롭게 타개해 나가는 방안을 신중하게 모색하는 것이 가장 지혜로운 방안일 것이다.

성폭행을 당한 여동생과
오빠들의 보복

야곱이 형 에서Esau의 배고픈 상황을 이용해 장자권長子權을 매수한 후, 그것도 모자라 아버지 이삭Isaac과 형을 함께 속여 부친이 장자를 위해 베푸는 축복의 기도까지 빼앗았을 때, 에서는 아버지 이삭만 세상을 떠나면 동생에게 복수를 해야겠다는 생각을 하게 된다. 이 결심을 알아차린 어머니 리브가Rebbkah는 야곱의 생명이 위태롭다고 생각하고 멀리 하란Haran에 있는 외삼촌 라반Laban의 집으로 피신을 시킨다. 잠시 거기 머무르다가 어느 정도 형의 분노가 풀리면 사람을 보내 다시 집으로 돌아오도록 하겠다는 메시지와 함께(창세기 27:41~45).

하지만 얼마 지나지 않으면 고향으로 돌아갈 줄 알았던 것이 20년이 훌쩍 넘어버렸다. 외삼촌의 두 딸을 아내로 맞이하기 위한 품삯으로 14년, 외삼촌 양떼를 돌보는 일로 6년. 그러던 어느 날 하나님으로부터 고향으로 돌아가라는 음성을 듣고 식솔들을 이끌고 귀향길에 나선다. 가는 도중에 세일 땅 에돔 들에 살고 있는 형 에서가 두려웠지만 얍복 나루 언저리에서 형을 만나 극적으로 화해를 하고 나니 마음이 날아갈 듯 가벼워졌다. 두 아내에게서 낳은 열 한 아들과 레아에게서 낳은 딸 디나 등 야곱가문은 이미 대가족을 형성하고 있었고, 가축도 큰 떼를 이루어 상당한 부를 축적한 상황이었다.

이제 야곱은 자신이 살아갈 거주지를 정하기 위해 이동하게 된다. 제일 먼저 정착한 곳은 예루살렘에서 100여 킬로미터 떨어진 숙곳이었다. 거기서 집도 짓고 가축을 위해 우릿간도 지으며 얼마 동안 지냈으나, 다시 서쪽으로 이동을 해 거기서 30여 킬로미터 떨어진 가나안 땅 세겜 성읍에 정착한다. 세겜은 이스라엘의 에발산과 그리심산 사이 골짜기에 위치한 가나안 성읍인데 요 단강에서 서쪽으로 약 24킬로미터, 예루살렘에서 북쪽으로 약 48킬로미터 떨어져 있는 곳이다. 이곳에 장막을 친 후 야곱은 세겜의 원로라고 할 수 있는 하몰Hamor의 아들들로부터 밭도 사들인다. 이 세겜 땅은 야곱 집안에는 유서 깊은 곳이었다. 이미 할아버지 아브라함이 이곳에 거주하며 하나님께 예배하고자 제단을 쌓은 적이 있기 때문이다.[1] 야곱도 여기에 도착하자 제단을 쌓고 하나님

그림 4-1 디나를 납치하는 세겜

을 경배하였다. 아브라함이 가나안 땅에 들어온 때가 B.C.2090년경이었는데, 그때부터 이미 세겜 지역에 가나안 족속이 거주하였으므로, 야곱이 세겜 지역으로 이주하였던 약 B.C.1900년경에는 그로부터 190여년이 지난 때이니 상당히 번성했던 지역이라고 짐작할 수 있다.[2]

야곱이 레아에게서 낳은 딸 디나Dinah는 10대 중후반의 젊은 처녀로서 이 새로운 도시 세겜이 어떠한 곳인지 매우 궁금해 했다. 집안에 오빠와 남동생 등 남자들이 많지만 같이 함께 놀아 줄 동성 친구가 없다는 것이 늘 아쉬운 점이었다. 아직 정착한 지 얼마 되지 않기에 생소한 환경이 두렵기도 하였지만, 이 지역 자기 동년배 아이들이 어떤 모습으로 살

아갈까 호기심도 있어서 마을 구경도 할 겸 혼자 집을 나선 것이다(창세기 34:1). 어떤 지역이건 간에 그 지방 사람들에게 낯선 옷차림을 하고 돌아다니게 되면 주변 사람들 눈에 금방 띄는 법이다. 세겜 지역에는 그 지역 명칭을 자신의 이름으로 가졌던 '세겜Shechem'이라 불리는 추장이 있었는데 그 지역의 유력자 하몰의 아들이었다. 디나가 그 세겜의 눈에 띄게 되었다. 낯선 마을에 와서 혼자 돌아다니고 있는 그녀의 모습이 너무 아름다웠다. 최근 자신들에게서 부동산을 구매한 야곱 집안의 가족임을 어느 정도 짐작하면서 그녀에게 다가가 잠시 자기 집 구경을 하지 않겠느냐고 말을 걸었다. 갑자기 두려운 마음이 든 디나가 집으로 발길을 옮기려던 찰나, 세겜이 그녀를 강제로 붙잡아 자기 집으로 데리고 들어오더니 강간을 하고야 말았다. 이 지역은 아버지 하몰과 추장인 자신의 영향력이 지배하는 곳이기에 야곱 집안을 만만하게 본 탓도 있었다. 하지만 성폭행을 한 이후에는 진심으로 디나에게 사과를 하면서 그녀를 좋아하게 되었으니 자신과 결혼해 달라고 요청하였다. 그리고는 아버지 하몰을 찾아가 야곱에게 함께 간청하여 아내로 맞이해주기를 구하자고 했다(창세기 34:8-12).

아버지 하몰은 이 혼인을 성사시키기 위해 야곱의 집을 방문했다. 기왕 일이 이렇게 된 마당에 아들 세겜이 당신의 딸을 사랑하니 결혼을 시켜주자는 제안이었다. 세겜 땅에 아예 정착하여 땅도 사들이고 농사하며 사돈 맺고 같이 살아가자고 권하였다. 성폭행을 한 세겜 자신도 야곱과 그 아들들에게 아무리 혼수를 크게 요구하더라도 원하는 만큼 다 줄테니 결혼을 허락해 달라고 간청했다. 그들이 이러한 요청을 한 배경에는 소수 무리인 야곱 가족이 아무리 이 지역에서 땅을 사들여 기반을 잡더라도 하몰과 세겜 집안의 큰 영향력에서 못 벗어나기 때문에 종국에는 야곱의 재산도 자신들의 재산이 될 것이라는 속임수가 깔려 있었다(창세기 34:21-23).

들에서 누이가 성폭행 당했다는 소문을 듣고 돌아온 아들들은 분노했다. 강간행위에 대해서는 한 마디 사과도 하지 않고 다짜고짜 찾아와서 자신의 누이를 아내로 주라고 하니 어처구니가 없었다. 뜨내기 주민이라고 자기들을 업신여긴 것이 분명했다. 강간을 당한 디나를 집으로 바로 돌려보내지 않은 상태에서 이런 혼인 협상을 시도했다는 것 자체가 불쾌했다. 필경 이들이 자신들을 만만하게 보고 있다는 생각이 들었다. 이에 야곱의 아들들이 조건을 제시했다. 우리 족속은 할례 받지 않는 족속에게 시집을 보내지 않으니 그 성읍에 거주하는 모든 남자가 할례를 받아야만 결혼을 허락할 수 있다고 한 것이다. 이러한 혼인조건의 제시 이면에는 하몰 가문이 신체적으로 취약할 때를 노려 여동생 강간에 대한 보복을 감행하기 위한 의도

적인 계략이 있었다. 그리하여 그 지역 모든 남자가 할례를 받게 되니 그때로부터 3일 후에 디나의 친오빠였던 시므온Simeon과 레위Levi가 성읍을 두루 돌아다니며 하몰과 그 아들 세겜 및 그 지역 모든 남자들을 죽이는 피바람을 일으키고 그들의 모든 재물도 노략하였다. 강간죄의 피해를 입은 피해자 가족이 피의 복수를 감행한 것이다(창세기 34:25-27).

그림 4-2 시므온과 레위의 보복

좌절-공격 가설을 통한
범죄행동 분석

시므온과 레위의 보복행위를 범죄심리학 이론의 일종인 '좌절−공격 가설'을 통해 분석해 볼 수 있다. 1939년 미국 예일대학 소속의 심리학자들은 '공격이란 좌절의 직접적 결과'라고 주장하면서, 인간이라는 존재는 좌절과 방해와 위협, 그리고 성가심을 당할 때 공격적으로 변하게 된다고 하였다. 즉, 공격이란 좌절적 환경에 대하여 자연스럽게 나타나는 자동적 반응이라는 것이다. 다만, 동일한 좌절적 환경에 대해서 개인에 따라 반응이 상이하게 나타날 수 있으나 좌절로 인하여 화가 나게 되면 어떤 사람이든 공격적으로 될 가능성이 분명히 증가한다고 하였다. 고통스러운 대우, 개인적인 모욕 등에 의한 감정적 분노는 공격적 행위를 일으키기 쉬운 조건이 되는 것이다.[3]

좌절−공격 가설에 따른 범죄행위는 총 3단계로 진행된다. 즉, 1단계에서 좌절이 발생하면, 2단계로 분노의 감정이 일어나고, 3단계에서 공격적 행동이 감행된다는 것이다. 이 이론에 따라 시므온과 레위의 행동도 범죄학적 설명이 가능하다. 그들이 느꼈던 좌절이란 무엇이었을까? 바로 그들의 친 여동생 디나의 몸이 외지인의 강압적인 성폭행으로 더럽혀졌다는 사실이었을 것이다. 이 좌절이 분노로 이어져 살인이라는 공격적 행동으로 표출되기에 이른 것이다.

아버지 야곱은 세겜의 아버지 하몰이 혼사를 의논하기 위해 찾아 왔을 때 세겜의 불법적 행동에 항의도 하지 않고 잠잠했는데, 이는 외지에서 세겜 땅으로 이주해 와 정착해 살아가고자 하는 입장에서 이 지역의 세력가인 하몰 가문의 위세를 의식하지 않을 수 없었기 때문이었던 것 같다. 하지만 목축하다 돌아 온 아들들은 여동생 디나가 강간당했다는

OCCASIO FACIT FUREM.

그림 4-3 디나와의 혼인을 요청하는 세겜

사실 자체에도 분노했지만, 범죄자들에게 아무런 이의제기도 못하고 있
는 아버지의 소극적 태도에 더욱 화가 났을 것이다. 시므온과 레위가 보
복 살인행위를 감행한 후 그 행동을 책망하던 야곱에게 "그가 우리 누이
를 창녀같이 대우함이 가하니이까?"라고 항의한 사실이 이를 암시해 주
고 있다.

결국 시므온과 레위는 그들을 공격하기로 계략을 꾸민 다음 실행에
옮긴다. 모든 아들이 이 보복 행위에 동참한 것이 아니었다. 디나는 야곱
이 레아에게서 낳은 딸로서 친오빠는 그 두 명 이외에도 르우벤, 유다,
잇사갈, 스불론 4명이 더 있었는데, 이 범행은 시므온과 레위 두 사람에
의해 자행되었다. 요셉에 대한 약취와 인신매매 사건을 통해 미루어 볼

때 다른 형제들의 패역한 행동을 말렸던 르우벤과 유다는 비교적 합리적
사고의 소유자로 보이기에 그 행동에 가담하지 않았던 것 같고, 동생 잇
사갈과 스불론은 나이가 어렸기 때문에 동참하지 않은 것 같다. 어찌 되
었든 세겜 땅에서 야곱의 딸 디나가 강간을 당했던 일과, 시므온과 레위
가 하몰 족속을 보복 살해했던 일은 야곱 가족에게 적지 않은 우환을 가
져왔던 사건이었다.

| 범죄피해자가 되기
| 쉬운 4가지 요인

　　어떤 사람이 범죄피해를 더 쉽게 당하게 되는지에 관한 연구를 진행
한 학자들은 다음 4가지 요소와 범죄피해 간에 밀접한 연관성이 있다고
보았다. 그 첫째는 범죄장소와의 근접성이다. 이것은 범죄가 빈발하거나
범죄발생 가능성이 높은 지역에서 활동하는 시간이 많으면 많을수록 범
죄피해를 입기 쉽다는 이야기다. 둘째는 범죄에의 노출이다. 범죄동기를
갖춘 사람의 눈에 잘 띈다는 의미도 있지만 피해자의 부주의로 인해 범
죄동기를 불러일으킨다는 의미도 된다. 차문을 잠그지 않고 다른 일을
본다든지, 여름휴가의 시기에 오랫동안 집을 비워 둔다든지 하는 따위가
이에 해당한다. 셋째는 보호능력의 부재이다. 범인이 범행대상을 고를
때에는 범행의 용이성과 곤란성을 따지게 되는데 경보장치와 같은 물리
적 보호장치가 없거나 보호자 부재와 같이 사회적 보호능력이 없는 아
동을 우선적으로 선택하는 이유는 보호능력이 없는 대상이 범행을 하기
가 훨씬 쉽기 때문이다. 넷째, 표적의 매력성이다. 범인은 자신의 욕구충
족을 극대화시켜 줄 수 있으면서도 그에 따른 비용은 최소화시킬 수 있
는 대상을 물색한다. 그 과정에서 비용편익 분석을 하기도 하고, 주관적
유용성을 따진 후 범행으로 나아간다. 이 네 가지 요소 중에 '범죄와의

근접성'과 '범죄에의 노출'이 잠재적 범죄자의 범죄동기를 자극한다고 보아 이 둘을 합하여 '동기화된 범죄자motivated offender' 개념을 추출한 뒤, '보호능력의 부재absence of capable guardian', '매력적 표적attractive target'과 함께 일상활동에서 범죄피해를 발생시킬 수 있는 3가지 요인으로 분류하기도 한다.[4]

야곱의 딸 디나가 범죄피해를 입게 된 원인과 과정을 위에서 언급한 범죄피해 관련 이론을 가지고 설명해 볼 수 있다. 그녀가 피해를 입게 된 가장 큰 원인은 보호능력의 부재와 표적의 매력성 등 두 가지 요소가 크게 작용했다고 볼 수 있다. 디나는 정착한 지 얼마 안되는 그 세겜지역을 아무런 동반자가 없이 홀로 나섰다. 낯선 외지에서 아리따운 젊은 여성이 두리번거리며 보호자 없이 혼자서 마을을 배회하는 것은 그 지역 세력가라고 할 수 있는 세겜에게는 그의 성욕을 채울 수 있는 매력적 표적으로 다가왔다. 그녀가 야곱 집안의 딸임을 알았다 하더라도 세겜은 그 지역의 유력자들이었기에 야곱 족속이 항의를 하더라도 이를 능히 제압할 수 있을 것이라고 믿었던 것이다. 결국 세겜과 하몰 족속은 시므온과 레위에 의해 죽임을 당하게 되었지만 디나가 조금만 더 지혜로웠더라면 이와 같은 살육은 벌어지지 않았을 것이다.

그렇다고 세겜의 강간범죄와 시므온과 레위의 위계에 의한 보복 살인 행위 등의 발생 책임을 디나에게 돌릴 수는 없다. 위 사건에서 디나는 범죄자들에게 작은 실마리는 제공했을지언정 그녀가 적극적으로 범죄행위에 가담하지 않은 이상 발생한 범죄 결과에 대하여 비난 받을 이유는 없다. 정작 범죄피해를 당하게 되면 피해자가 범죄피해를 당하기 이전의 상태로 회복되기까지 많은 비용과 시간이 투입되어야 하므로 미리 범죄피해를 입지 않도록 주의했다면 디나에게 유익했을 것이라는 판단이 있을 뿐이다.

쉬어 가기   강간죄는 폭행 또는 협박으로 사람을 간음하면 성립되는 범죄로서 형법 제297조에 규정되어 있다. 여기서 폭행이나 협박의 정도는 상대방의 항거를 불가능할 수준으로 억압하는 경우이거나 현저하게 곤란하게 할 정도여야 한다. 다만 폭행은 반드시 직접적인 신체에 대한 유형력의 행사만에 그치지 아니하고, 성적인 측면에서 의사결정의 자유를 극도로 제약할 수 있을 정도의 행동도 강간죄의 폭행에 해당할 수 있다(대법원 1991.4.9. 91도288).

성경은 세겜이 디나를 '끌여들여 강간하였다'고 표현하고 있는데 이 '끌여들인다'는 표현이 감언이설로 그녀를 유인했다는 의미인지, 아니면 완력을 사용하여 강제로 끌고 갔다는 뜻인지 다소 불분명하다. 그러나 결국에는 '강간'했다는 표현이 있는 것을 보면 디나가 거절했음에도 불구하고 힘을 사용하여 강제로 간음을 한 것만은 분명해 보인다.

고대 사회에서는 동해보복(同害報復)이라 하여 범죄자에 대한 피해자 가족 혹은 친족의 사적 보복행위를 허용하였다. 그러나 현대 형사법 체계에서는 범죄피해에 대한 사적 보복이 허용되지 않는다. 형벌권은 국가에 전속하기 때문이다. 따라서 피해자나 피해자 가족이 사적 보복을 가하게 되면 그 보복행위 유형별로 형법상 범죄를 구성하게 된다. 범죄피해자는 단지 범죄피해 사실에 대하여 수사기관에 고소를 함으로써 국가가 범죄자를 응징하는 절차를 개시하도록 촉구할 수 있을 뿐이다.

다만, 형벌권이 국가기관에 전속됨에 따라 피해자가 형사절차에서 소외되어 온전한 피해회복이 어려워졌다는 비판이 형사법학자들 및 피해자학자들에 의해 제기되자 독일과 프랑스 등 일부 선진 국가에서는 피해자가 직접 기소절차에 참여할 수 있는 제도를 도입하여 운영하고 있고, 다른 나라들에서도 피해자의 형사절차 참여권을 확대시키고 있다.

친족에 의한 성범죄와
보복 살인
: 압살롬

이스라엘 율법에는 "너는 네 자매, 곧 네 아버지의 딸이나 네 어머니의 딸이나 집에서
나 다른 곳에서 출생하였음을 막론하고 그들의 하체를 범하지 말지니라...네 아버지의 아
내가 네 아버지에게서 낳은 딸은 네 누이니 너는 그의 하체를 범하지 말지니라...이 가증
한 모든 일을 행하는 자는 그 백성 중에서 끊어지리라(레위기 18:9, 11, 29)."라고 하고
있다.

암논과 다말은 모두 다윗의 자녀이로되 어머니가 다른 오누이였다. 그럼에도 불구하
고 암논은 자신의 욕정을 채우고자 자기 누이 다말을 강간하는 죄를 저지르더니 자신의
행동에 대하여 사죄하거나 책임을 지는 태도를 보이기는커녕 오히려 미워하며 쫓아내는
악행을 저지른다. 과거 야곱의 딸 디나가 다른 족속이었던 세겜에게 강간당했을 때 세겜
이 책임지는 자세로 야곱에게 예물을 바치면서 그녀를 아내 삼고자 했던 행동에 한참 못
미치는 지극히 어리석고 비열한 행동이 아닐 수 없었다.

이러한 친족 간의 성범죄가, 하나님 마음에 합한 사람이라는 명성을 가진 탁월한 신앙
인이자 이스라엘의 위대한 왕이었던 다윗 왕가에서 발생했다. 여기서 우리는 범죄가 가
져다주는 치명적 결과를 보통 사람이라면 모두 예견 가능할 것임에도 왜 이와 같은 성범
죄를 범하게 되는지 그 원인에 대하여 다시 한 번 숙고해 볼 필요가 있다.

친족 간의 성범죄와
형제의 보복

　　성경에는 연고가 없는 타인에 의한 성범죄 사건도 소개되고 있지만 가까운 친족간의 성범죄 사건도 있다. 부하 장수의 아내 밧세바를 간음하고 그녀의 남편 우리아를 전장에 내 보내어 죽이기까지 한 다윗 왕은 자신이 범한 범죄로 인하여 밧세바로부터 낳은 아들이 죽게 되는 징계를 받았지만, 그 징계는 거기에 머무르지 않고 모친이 서로 다른 자녀들 간에 강간범죄가 발생하고, 이로 인해 형제간의 보복 살인극이 펼쳐지는 비극을 맛보게 된다. 다윗 왕은 많은 아내를 두었는데, 이름이 밝혀진 최소 8명의 왕비와 성경에 이름이 기록되지 않은 다수의 왕비들로부터 여러 자녀들을 거느리고 있었다. 그 중에 이스르엘 여인 아히노암이라는 왕비로부터 암논이라 이름하는 아들이 출생했고, 그술Geshur 왕 달매Talmai 의 딸 마아가로부터 아들 압살롬Absalom과 딸 다말Tamar이 태어났던 것인데 다윗 왕가에서 발생한 근친간의 성범죄의 흑역사는 바로 서로 어머니가 다른 오빠 암논과 여동생 다말 사이에서 발생한 친족 간의 성폭행 사건이었던 것이다(사무엘하 13:7~14).

　　암논Amnon은 작은 어머니에게서 태어난 여동생 다말을 연모했다. 좋아하는 마음이 있으면서도 정숙한 그녀에게 마음을 표현하지 못하고 속으로만 끙끙 앓다가 병석에 이내 눕게 되었다. 여기서 그쳤으면 암논에게는 별다른 화가 미치지 않았을 것이다. 문제는 친구였다. 요나답이라는 친구는 다윗의 형 시므아의 아들로서 암논과는 사촌지간이었는데 마음이 간사한 구석이 있었다. 암논의 속사정을 다 들은 요나답은 조언을 해준답시고 그에게 다말을 침소로 부를 수 있는 비책을 알려 주었다. 어찌할 바를 모르고 애만 태우던 암논은 요나답의 계략이 좋다고 생각되어 그대로 실행에 옮기기로 작정하였다. 그래서 다윗 왕이 병문안을 왔을 때 그

흑심을 숨긴 채 다말로 하여금 자기 집으로 와서 과자를 만들어 먹여 주도록 요청을 한다. 다윗왕은 암논의 속셈을 까맣게 모르고 있으므로 그 일을 승낙하여 다말을 암논의 집으로 보내 수발을 들게 하였다. 그러자 암논은 주변 사람들을 다 물리친 다음 과자를 가지고 온 다말을 강제로 성폭행하였다. 왕에게 요청하면 합법적인 결혼이 가능하니 이 괴악한 일을 중지하라며 간절하게 애원하는 다말의 요구는 아랑곳하지 않았다.

그런데 강간을 하고 난 이후 암논의 태도는 더욱 악했다. 성폭행을 당해 울고 있는 다말을 오히려 미워하며 쫓아 내고 다시 못 오도록 문빗장을 지른 것이다. 암논은 누이 다말을 인격체로 존중한 것이 아니라 자신의 쾌락을 충족시키는 수단으로 삼은 것뿐이었다. 인간이 성욕을 갖는 것은 자연스러운 것이다. 그런데 그 성욕이 상대방에 대한 존중과 사랑

그림 5-1 성폭행 당한 다말을 보호하는 압살롬

이 바탕이 되지 않고 상대방의 의사를 무시하면서 오직 쾌락만을 위해서 발산될 때 범죄행위로 발전하게 된다는 것을 암논을 통해서 엿볼 수 있다. 이 모든 소식을 들은 다윗 왕은 크게 분노하였다. 하지만 같은 혈육의 여동생을 완력을 사용해서 강간한 이 큰 악행에 대하여 별다른 처벌을 하지 않고 넘어가 버렸다. 아마도 권력자의 위치를 이용하여 부하의 아내를 간음하였을 뿐만 아니라 그 남편조차 사지로 내몰았던 자신의 악행이 있었기에 암논을 강하게 응징하지 못했던 것 같다.

다말의 오빠 압살롬은 이러한 아버지의 처신에 대하여 강한 불만을 가지게 되었다. 그래서 다말을 자기 집에서 지내도록 하면서 여동생을 이 지경으로 만들어버린 암논을 언젠가 응징하리라는 결심을 하게 된다.

그림 5-2 암논의 죽음

하지만 곧바로 복수를 실행하기에는 여러모로 위험부담이 컸기에 아무런 기색을 하지 않고 지내면서 기회를 엿보기로 하였다. 이 일이 있은 후 2년의 시간이 흐르자 어느덧 암논의 강간사건도 잊혀지는 듯했다. 아비 다윗은 물론이고 당사자인 암논도 자기가 저질렀던 과오에 대하여 크게 괘념치 않고 지내고 있었다.

이윽고 양털 깎는 시즌이 도래하였을 때 기회가 왔다고 여긴 압살롬이 다윗에게 자기 의도를 숨긴 채 왕자들과 더불어 양털 깍는 현장에 왕도 함께 가자는 제안을 한다. 다윗 왕은 처음에 혼자 가라고 거절하였으나 압살롬이 암논이라도 동행할 수 있도록 해달라고 다시 간청하자 자기는 못가더라도 암논을 포함한 왕자들을 모두 데리고 가라고 허락한다.

다말이 강간당한 지 얼마 되지 않아 압살롬으로부터 이러한 제안을 받았더라면 다윗은 압살롬의 보복의지를 금방 눈치를 챘을 것이다. 그런데 2년이라는 세월이 지나고 보니 그 경계심이 약해졌다. 그래도 암논만 혼자서 갔다가는 무슨 일이 있을지도 모른다는 직관이 작동했는지 모든 왕자들을 암논과 함께 딸려 보내도록 했다. 현장에 도착하자 압살롬은 모든 왕자들에게 술과 음식을 준비하여 그들의 마음을 흡족하게 함으로써 경계심을 풀도록 만들었다. 여흥이 익어갈 무렵 압살롬은 자신의 종들을 은밀히 불러 암논을 쳐 죽이라고 명령한다. 결국 암논은 현장에서 살해되고 왕자들은 뿔뿔이 흩어져 도망하고 만다. 결국 성범죄를 범하고 사람을 죽이기까지 한 아비의 죄악이 자기 아들을 통해 재현되는 모습을 보지 않을 수 없게 된 것이다(사무엘하 13:28-29).

성범죄의 본질에 대한
사색

　만일 인간이 단일한 성性, sex만으로 이루어져 있거나, 인간에게 성욕이 존재하지 않는다면 인류사회에 성범죄란 존재하지 않았을 것이다. 세상에 남성과 여성의 성별이 존재한다는 사실 이외에도 사람이면 누구나 식욕과 수면욕이 있는 것처럼 성적 본능도 가지고 있다는 점, 그리고 굶주린 사람들 중에는 그 식욕을 채우기 위해 탈법행위를 감행하는 사람이 있는 것처럼, 결혼 등을 통해 정상적 채널로 성욕을 해소하지 못하는 사람들 중에는 변태적이고 탈법적인 방법으로 성욕을 채우려는 사람들이 존재하기에 세상에 성범죄가 횡행하는 것이다. 그러므로 성적 본능은 인류 존속을 위한 에너지가 되기도 하지만 성범죄가 발생할 수 있는 기본적 토대도 된다고 하겠다.

　인간이 가지고 있는 이러한 성적 본능 때문에 어떤 학자들은 강간이라는 위법적 행위도 남성들의 성욕 충족을 위한 생물학적 본능의 발현으로 이해해야 한다고 주장한다. 그런가 하면 진화론자들은 주류사회主流社會에의 적응에 성공하지 못한 열등한 위치에 있는 남성들이 여성과의 짝짓기에 실패하면서 자기 종족 보존본능 때문에 성범죄가 발생한다고도 한다. 인간사회에서 도태될 수밖에 없다는 위기의식 때문에 어떤 위압적인 방법을 사용해서라도 여성과 성관계를 맺어 종족 소멸을 피하고자 한다는 것이다. 그런가 하면 어떤 학자들은 자본주의 사회가 돈을 벌 목적으로 성을 상품화하고 대중을 현혹시켜 성욕을 부추기거나 성범죄를 미화하고 있기 때문에 성범죄가 발생하고 있다고 말한다. 또 다른 주장에 따르면 누구나 갖게 되는 성욕을 부적절하고 위법한 방식으로 발산하는 행동은 교육과 훈련을 통해 통제될 수 있음에도, 적절한 양육 및 교육환경이 제공되지 못해 절제력을 상실하게 되어 급기야 성범죄로 이어지게 된다고도 하고, 혹자는 남성들의 성욕 발현을 자극하는 여성들의 무분별한 행태가 성범죄의 원인이 된다고도 한다.[1)]

이러한 주장들 중 어떤 견해가 가장 설득력이 있을까? 분명한 것은 이 중 어떤 주장도 문제의 핵심을 터치하지 못하고 있다는 점이다. 만일 성관계를 허락하지 않고 있는 상대방 이성에 대한 성욕의 발현이 인간의 본능에 속한 것으로서 지극히 자연스러운 것이라거나, 진화론적 관점에서 인류문명의 존속과 진보를 위해 원치 않는 상대방에 의한 강제적 성행위도 필요한 것이라고 정당화 할 수 있으려면 그러한 남녀 간의 성관계의 결과가 조화롭고 생산적일 뿐만 아니라 상생相生의 결과를 가져다주어 인류번영에 기여할 수 있어야 한다.

그러나 현실은 전혀 다르다. 본능에 충실한 성적 행동이 얼마나 많은 사람들의 인생을 비참한 상태로 떨어뜨리고, 안정된 인간관계를 파괴하며, 인류문명의 발전과 존속을 위협해 왔는지 세계역사가 증언하고 있다. 위에서 살펴 본 다윗가의 성범죄로 인한 살인극 스토리는 작은 예시에 불과할 뿐이다.

그렇다면 성경은 남녀 간의 성관계에 관하여 무엇을 말하고 있는가? 성경적 관점에서 보면 태초에 하나님이 남성과 여성으로 성을 구분하여 창조한 행위에는 성범죄의 후유증으로 인생들이 감내해야 할 저주가 예견되기는커녕 남녀의 동거와 성적 결합, 곧 남자와 여자의 하나됨에서 오는 인생을 향한 축복의 메시지가 오히려 강하게 담겨있다. 즉, 하나님이 남녀 성별을 구분하여 인간을 창조한 것과 남녀 간에 일어날 수 있는 성적 교감은 인간을 행복하게 해주고자 설계했던 하나님의 비책이었던 것이다. 이성간의 결혼과 성관계가 어떤 의미를 담고 있는지

는 성경 창세기 1장과 2장에 기술되고 있는데 그 핵심은 아래의 3가지로 요약된다.[2)]

첫째, 남녀 사이의 성관계는 자녀 출산을 통한 생육과 번성으로 정당화된다(창세기 1:28). 이는 자녀교육과 이에 기반한 문명발전이 남녀의 결합으로 구성되는 가정家庭에서의 자녀 출산과 후손 양육으로부터 시작된다는 것을 뜻한다. 하나님은 인간을 창조하면서 남녀의 성관계가 생육과 번성의 결과로 나타나기를 의도했다. 그러므로 자녀 생산을 통해 가문이 승계·유지되고 이로 인하여 가정의 번영이 초래된다면 모든 남녀 사이의 성적 결합은 하나님의 창조질서에 부합하는 복되고 아름다운 행동이 되는 것이다.

둘째, 혼자 사는 것보다 남녀가 결합을 하여 가정을 이루면 상호간의 지원과 교제 및 협력이 촉진될 수 있다. 하나님은 최초로 창조되었던 인간 아담에게 '사람이 홀로 사는 것이 좋지 못하니 내가 그를 위하여 돕는 배필을 지으리라(창세기 2:18)'고 하면서 여자를 다시 창조하게 된다. 혼자서 인생의 어려움을 헤쳐 나가는 것보다 부부가 힘을 합쳐 대처하는 것이 훨씬 낫기 때문에 하나님은 남자와 여자의 결합을 통한 가정공동체 창설을 설계한 것이다.

셋째, 서로 성적으로 교감하는 가운데 남자와 여자는 사랑이 깊어지고 그 감정이 성숙해져 갈 수 있다. 인간은 연약한 존재이다. 좋아하는 감정이 식을 수 있고, 인생의 여러 가지 시련으로 인해 상대방에 대한 신뢰가 약해질 수 있다. 그럴 때 남녀는 성관계를 통해 기쁨을 맛보며 상호 친밀감이 회복되는 신비한 경험을 하게 된다. 육체를 통한 대화를 거치면서 정신적·정서적 교감이 더욱 촉진될 수 있고, 이러한 성관계를 통해 사랑과 친밀함이 강화되어 서로를 위해 희생할 수 있는 수준까지 상호간의 관계가 성숙해 갈 수 있는 것이다.

그런데 성범죄는 하나님이 남성과 여성을 창조하고 가정공동체를 설계한 위 3가지 목적에서 이탈하는 행동에 해당한다. 성교性交를 갈망하는 욕구와 그를 통해 누리게 되는 즐거움은 결혼과 자녀 출산을 향한 추동력으로 작용하게 되지만, 만일 남녀 간의 섹스가 자녀출산이나 부부간의 상호 지원과 협력, 서로 간의 희생과 사랑을 전제하지 않고 오로지 쾌락의 향유에만 그 목적을 두고 성욕을 발산하게 되면 그것은 인생을 향한 축복이 아니라 저주가 된다. 남녀 간의 사랑을 심화시키고 관계를 더욱 성숙시켜 주는 기능은 배제된 채, 남녀의 성관계가 쾌락추구의 수단으로만 정의되는 문화가 지배하고 있는 사회에서는 성범죄가 더욱 확장되어 나갈 수밖에 없다. 최근 빈번하게 일어나고 있는 카메라를 이용한 신체 촬영과 그 촬영물의 무단 반포행위 등은 성의 쾌락적 속성만을 비정상적으로 강조하고, 성을 마치 사고 팔 수 있는 상품처럼 취급하고 있는 병든 사회상을 반영하고 있는 것들로서, 이들 모두 하나님이 의도했던 본래의 창조질서에 반한 것이라고 할 수 있겠다.

쉬어 가기　아버지가 어머니를 여럿 둔 경우 다른 어머니에게서 나온 딸을 간음하는 근친상간(近親相姦) 행위는 고대 이스라엘 지역에 거주하며 살아가던 가나안 족속의 악한 풍습이었다. 이 풍습은 이스라엘 민족의 통합성을 해치는 행위이므로 모세의 율법에는 그들의 풍습을 따르지 말 것을 강력하게 경고하였고 이를 위반하면 백성들의 진영에서 쫓겨나거나 죽임을 당할 운명에 처하도록 하였다(레위기 18:30).

현행 '성폭력범죄의 처벌 등에 관한 특례법' 제5조는 친족관계에 의한 강간 범죄 처벌 규정을 두고 있는데, 형법 제297조의 일반 강간죄보다 더 중하게 처벌하고 있다. 여기서 말하는 친족이라 함은 4촌 이내의 혈족과 인척, 그리고 동거하는 친족을 의미한다. 4촌을 넘어서는 혈족과 인척관계에 있는 자라 할지라도 같은 집에서 살다가 강간이나 강제추행의 죄를 범하면 친족관계에 의한 강간·강제추행의 죄로 처벌받게 되어 있는 것이다.

아울러 형사소송법 제224조가 자기 또는 배우자의 직계존속을 고소하지 못한다고 규정하고 있지만 '성폭력범죄의 처벌 등에 관한 특례법' 제18조는 예외적으로 직계존속도 고소할 수 있도록 하고 있으며, 아동·청소년의 성보호에 관한 법률 제23조 제1항에서는 성폭행의 가해자가 피해아동의 친권자나 후견인인 경우에는 검사가 법원에 친권상실 선고를 청구하도록 하고 있다.

6

폭력적 하위문화에
편승한 성범죄
: 베냐민 지파의 청년들

"그들이 마음을 즐겁게 할 때에 그 성읍의 불량배들이
그 집을 에워싸고 문을 두들기며 집 주인 노인에게
말하여 이르되 네 집에 들어 온 사람을 끌어내라.
우리가 그와 관계하리라 하니 집 주인 그 사람이
그들에게로 나와서 이르되 아니라 내 형제들아
청하노니 이같은 악행을 저지르지 말라. 이 사람이
내 집에 들어왔으니 이런 망령된 일을 행하지 말라."

(사사기 19:22~23)

이스라엘 민족의 지도자였던 모세가 죽은 후 그 뒤를 이었던 후계자 여호수아와 그와 함께 했던 같은 세대 사람들이 모두 세상을 떠나게 되자, 이후에 일어난 다른 세대들은 선조들이 지켰던 하나님 신앙에서 떠나 이방 민족이 섬기던 우상을 숭배하고 그 나라의 풍습을 좇게 되었다. 본문에 나오는 레위인 첩의 이야기도 B.C.1390년 여호수아 사망 이후의 사건으로서 이스라엘 민족이 그들을 규율해 온 율법을 버리고 이방 문화에 젖어 살았던 시기였다.

시대를 따라 사사(士師, Judges)들이 등장하여 백성들을 지도하면 하나님 신앙이 회복되는 기미를 보이다가도, 그들이 세상을 떠나면 다시금 타락해 버리는 악순환이 지속되고 있었다. 이때 유행했던 패역한 풍속 중의 하나가 여행 중인 나그네에 대한 집단 성폭행이었다. 이스라엘 베냐민 지파가 정착해 살던 기브아 지역에도 불량배들이 집단을 이루어 위와 같은 악행으로 나그네들을 괴롭혔던 것이다.

이는 비행 하위문화가 이미 그 사회에 정착되어 있었음을 의미한다. 전통질서가 붕괴된 자리에 그 사회를 건강하게 유지시켜 줄 새로운 사회규범이 확립되지 않으면 도덕적 아노미(Anomie)가 발생하게 되고 비행 하위문화가 싹트게 된다. 그 시대 청소년들 중 올바른 도덕적 기준을 내면화하는데 실패한 무리들이 좌절과 방황 끝에 비행 하위문화에로의 편입이 이뤄지게 되고, 거기서 자아정체감을 찾음으로써 점차 범죄친화적 인생을 살아가게 되는데 기브아의 불량배들도 그와 같은 인생 여정을 밟았을 가능성이 크다고 하겠다.

성윤리 붕괴에서
비롯된 강간치사

그림 6-1 에브라임 산지와 기브아 성읍

한 레위Levi인이 에브라임Ephraim 지파에 속한 한 지역의 산지 구석에
살고 있었다. 그가 레위 족속이라고는 하지만 자기 부친으로부터 레위인
이 지켜야 할 규례에 관하여 철저한 교육을 받지 못했다. 그저 어렴풋이
안식일 규정이라든가 제사에 관련된 몇 가지 규정 정도만 듣고 자랐다.
언젠가 일이 있어 이 레위인이 유다Judah 지파 지역에 있는 도시 베들레
헴Bethlehem을 방문했던 적이 있었는데, 그때 문득 자기 눈에 띄는 여성이
있었다. 이미 결혼한 몸이었지만 아리따운 그녀를 자신의 첩으로 데리고
살고 싶다는 생각이 들게 되었다. 당시 레위인을 비롯하여 자기가 사는
지역의 많은 사람들이 첩을 두고 살고 있었고, 첩을 두고 사는 것이 능력

이자 실력으로 통하고 있었기에 그녀 부모만 허락한다면 같이 사는 것이 문제가 될 것 같지 않았다. 마침내 그 여인의 부모로부터 승낙을 받고 자기가 살고 있는 에브라임 산지로 데려오게 된 것이다(사사기 19:1).

몇 해가 지난 어느 날 잘 아는 사람으로부터 연락이 왔다. 레위인의 첩이 에브라임 산지 지역의 어떤 남자와 통간하는 장면을 목격했다는 것이다. 집에 돌아 온 그녀를 추궁해 보니 사실이었다. 화가 머리끝까지 치밀어 오른 레위인은 당장 여기서 꺼지라고 소리쳤다. 머리를 푹 수그린 채 아무 말도 못하고 있던 그녀는 다음날 친정집으로 돌아가겠노라고 한 마디 말만 남기고 사라졌다. 한 열흘 정도면 다시 오겠지 하는 생각에 붙잡지도 않았다. 그런데 한 달, 두 달이 가고 석 달이 지나도 소식이 없었다.

어느덧 떠난 지 넉 달에 접어들자 레위인은 자기가 너무 심하게 말을 했나 후회하기 시작했다. 이래선 안 되겠다 싶었다. 가서 다정한 말로 구슬려 데리고 와야겠다고 생각했다. 다음 날 아침 나귀에 여장을 꾸려 유다 땅 베들레헴으로 발걸음을 옮겼다. 에브라임 산지에 있는 실로에서 첩이 살고 있는 베들레헴까지는 약 42km나 된다. 나귀를 타고 가더라도 백리 길을 이동해야 하니 적어도 8시간이 소요된다. 아침에 서둘러 나섰는데도 처갓집에 도착하니 해가 거의 질 무렵이 되었다. 집안에 들어서니 장인이 맨발로 뛰어나와 기쁘게 맞이한다. 물의를 일으킨 자기 딸자식으로 인해 미안한 마음도 있었을 것이다. 하지만 내색을 하지 않고 예를 갖추어 대했다. 잠시 후 음식을 가져오는 첩에게 모든 것을 용서했으니 함께 집으로 돌아가자며 다정하게 타이르니 고개를 끄덕였다. 장인은 기분이 좋았는지 삼일 동안을 맛있는 음식을 가져와 사위와 함께 먹고 마셨다.

그 다음날 아침 가겠노라며 여장을 꾸리는 사위를 붙잡고 하루만 더 지내다 가라며 장인이 봇짐을 빼앗는다. 그 다음 날도 마찬가지였다. 장인의 청을 뿌리치지 못해 어쩔 수 없이 넷째 날까지 머무르게 되었다. 그날 저녁 잠자리에 들면서 내일은 기필코 떠나야지 다짐했다. 베들레헴에서 에브라임 산지까지 오가는 거리가 멀뿐더러 이방인이었던 여부스 족속이 거주하는 지역도 지나가야 하기 때문에 여정이 녹록지 않다는 것을 알고 있었다. 안전을 위해서는 그 지역에서 유숙을 하지 말아야 하고 그러기 위해서는 아침 일찍 출발하는 것이 상책이라고 생각했다. 게다가 모레가 안식일이니 내일은 어떤 일이 있어도 집에 가야 하는 것이다.

닷새 째 되는 날 이른 시각에 출발할 채비를 하고 있는데 장인이 와서 다시 말린다. 오늘은 그의 간청에 밀려서는 절대 안 된다고 속으로 여러 번 다짐을 하였지만, 머나 먼 여정에 기력이 유지되어야 하는데 대낮에 장거리를 이동하다 보면 지치게 되니 차라리 해가 좀 약해지는 오후 늦게 출발하는 것이 어떠냐는 말에 그만 또 설득당하고 말았다. 이런 저런 얘기 하며 먹고 마시다 보니 어느덧 해질 무렵이 되어버린다. 그때서야 정신이 번쩍 들었다. 내일이 안식일이니 지금 출발하지 않으면 큰일 나겠다 싶어 자리를 박차고 일어났다. 다시 하룻밤 자고 가라는 장인의 요청이 이제는 호의로 생각되지 않고 짜증이 날 지경이었다. 단호히 뿌리치고 집을 나섰는데 이방 족속들이 사는 여부스Jebus, Jerusalem 지역에 이르니 해가 저물기 시작했다. 같이 갔던 몸종이 여부스 족속이 사는 성읍에 들어가 밤을 지내고 가자고 말한다. 하지만 마음이 내키지가 않았다. 이방인에게 봉변을 당하지나 않을까 두려웠던 것이다. 비록 해가 서산에 걸리긴 했지만 동족인 베냐민 족속의 땅 기브아Gibeah1) 성읍까지 더 가서 유숙을 하리라 마음먹고 가던 길을 계속 갔다.

그림 6-2 기브아 성읍 광장에 도착한 레위인

　해가 떨어지기 시작하여 약간 어둑해지긴 했지만 아직은 먼 발치에
서 사람을 알아볼 수는 있는 시각에 기브아 성읍 광장에 도착했다. 그 광
장 어귀에 앉아서 혹시나 나그네인 자신들을 하룻밤 재워 줄 사람이 없
나 기다려 보았다. 하지만 꽤 시간이 지나도록 누구나 거들떠보는 사
람이 없었다. 기브아는 이스라엘 열두 지파 중 베냐민 지파에 속하는 성
읍으로서 조상을 같이하는 한 민족이었기에 하룻밤 묵을 수 있는 잠자
리를 쉽게 구할 수 있을 것으로 알았던 것이다. 한참이 지난 후 어떤 노
인이 어둠이 깔리는 거리에서 그들을 보고 다가와 레위인의 사정을 들
은 후에 다행스럽게 자기 집으로 가자며 환대를 하여 안도의 한숨을 쉬
었다.

　그들이 씻은 후 저녁을 먹으며 즐거운 시간을 보내고 있을 무렵, 몇

명의 무리들이 그 노인이 사는 집 대문을 두드렸다. 그들은 레위인 일행이 성읍 광장에 도착했을 때 멀리서 물끄러미 쳐다보며 그들의 행색을 살펴보고 있던 기브아 성읍 청년들이었는데 레위인 일행이 노인 집으로 들어가는 보고 저녁에 찾아온 것이다. 와서 다짜고짜 하는 말이 레위인을 밖으로 끌어내라는 것이다. 알고 보니 이들은 이 지역 불량배들로서 떼로 몰려다니면서 타지 사람이 이 성읍에 머물면 종종 남녀를 가리지 않고 성폭행을 일삼는 무리들이었다. 과거에도 비슷한 일이 있었기에 이 노인은 기겁하며 이들을 말렸다. 더구나 이 손님은 알고 보니 제사직무를 수행해야 하는 레위인이지 않는가! 큰일 났다고 생각한 노인이 자기 처녀 딸도 있고, 이 사람의 첩도 있으니 제발 이 사람을 건들지 말라 사정을 한다(사사기 19:22-23).

레위인도 심각한 위기의식을 느꼈다. 내가 종과 첩 앞에서 이 사람들에게 성폭행을 당하고 나면 제사장으로서의 나의 인생은 어떻게 될 것인가? 사실상 파멸로 내리 달을 것이라는 느낌이 파도처럼 밀려들었다. 갑자기 정신이 번쩍 들면서 이런 위험에 처하게 된 근본 원인이 자기 첩에게서 비롯되었다는 생각이 들었다. 이에 노

그림 6-3 문 앞에 엎드러진 레위인의 첩

인과 함께 그 첩을 재빨리 붙잡아 그들에게 넘겨주고 나서 문을 잠그니 그들이 그녀를 데리고 사라지면서 소란이 겨우 진정되었다. 다음 날 아침 문을 열어보니 레위인의 첩이 문 앞에 쓰러져 있었는데 일으켜 본즉 이미 죽어 있었다. 밤새 내내 그녀를 욕보이다가 새벽 미명에 놓아 주었는데 노인 집 문 앞에 와서 엎드러져 숨이 끊어진 것이었다(사사기 19:25-28).

폭력적 하위문화의 형성과 성범죄

B.C.1446년 1월경 민족지도자 모세Moses의 지도 아래 이집트를 탈출한 이스라엘 백성들은 만 2개월이 지난 그 해 3월에 시내산에 도착하여 하나님과 언약을 체결하고 모세를 통해 하나님이 정한 십계명을 비롯한 각종 율법을 받게 된다. 그 언약과 율법들은 인간을 창조한 조물주의 인생 경영 매뉴얼이었다. 피조물인 인간이 어떻게 살면 가장 행복할 수 있는지를 알려주는 삶의 지침서와도 같은 것이었다. 그래서 율법을 백성들에게 공포하면서 다음과 같은 약속을 한다.

"세계가 다 내게 속하였나니 너희가 내 말을 잘 듣고 내 언약을 지키면 너희는 열국 중에서 내 소유가 되겠고 너희가 내게 대하여 제사장 나라가 되며 거룩한 백성이 되리라(출애굽기 19:5~6)."

이스라엘 백성들이 이때 받은 십계명 중 4가지는 하나님과의 관계에 대한 계명이었고, 나머지 6가지는 인간 상호간의 관계에 대한 계명으로 이루어졌다.[2] 모세는 이 같은 십계명 이외에도 하나님으로부터 시민의 사회관계를 규율하는 시민법도 받게 된다. 여기에는 오늘날 형법전과 민법전의 기초가 되는 내용도 포함이 되어 있는데 그 중 대표적인 몇 가지를 들면 살인범, 상해범, 절도범 등에 대한 처벌규정과 재산상 손해행위에 대한 민사적 손해배상 규정(출애굽기 21:12, 21:18-19, 22:1-4), 성풍속과 우상숭배 문화에 대한 규정 등을 들 수 있다(레위기 18:26-30).

율법이 특히 사회의 문란한 성문화에 관해서 경고하고 있는 이유는 혼인 외의 간음 및 친족 간의 간음은 공동체의 연대성을 파괴하기 때문이고, 동성 간의 성행위는 생육하고 번성하라는 하나님의 문화명령에 반하기 때문이며, 짐승과의 성행위는 인간의 존엄성을 해치는 행위이기 때문이었다. 그래서 성경은 근친간의 성행위를 악하다고 평가하고, 혼인 외의 성행위를 타인의 질투를 유발하는 범죄라고 간주하며, 동성간의 성행위는 가증한 것으로 여김과 동시에, 짐승과 교합하는 행위는 자신을 더럽히는 행위라고 선언하고 있는 것이다. 모세와 그의 후계자인 여호수아 시대까지는 이러한 율법이 백성들에게 효력을 발휘한 듯하다.

그러나 B.C.1390년 여호수아가 사망한데 이어 여호수아와 함께 했던 세대의 사람들도 모두 세상을 떠나게 되자 그 이후 세대 사람들은 하나님도 그 율법도 알지 못하는 영적 진공상태를 맞이하게 된다. 여호수아 시대의 어른들이 그들의 자녀에게 하나님의 율법과 명령을 교육시켜야 했지만 그 일에 실패하여 많은 사람들이 율법의 무지 속에 제멋대로 살아가는 시대가 열린 것이다. 사회가 지향해 나가야 할 방향에 대한 절대기준이 사라지자 그들은 선대 조상과 함께 했던 하나님을 버리고 자신들 주변에 살고 있는 이방 족속이 섬기는 신을 숭배하였으며, 성경에서 금했던 근친상간과 동성 간의 성행위 등 다른 민족의 성문화를 본받아가기 시작했다. 제사장 직분을 맡아야 했던 레위인들조차 그들이 준수해야 했던 율법을 저버리고 이방문화에 젖어들기 시작했으며, 생계를 위해 이곳저곳으로 유랑하게 되었다. 심지어 백성들은 제사장직을 전담해야 하는 레위인 대신에 임의의 족속을 제사장 삼는 등 모세와 여호수아 시대에 통용되었던 하나님이 정하신 율법의 절대적 기준이 무너지면서 각각 자기 소견에 옳은 대로 살아가게 된 것이다(사사기 21:25).

모세의 율법에 따르면 레위인은 성소에서 제사장으로서 봉사의 직무를 수행해야 했기에 세속적이고 이방적인 풍속으로부터 자신을 지켜 늘 거룩하고 정결한 삶을 살아야 했다.3) 하지만 거룩한 성소 봉사의 직무를 수행해야 하는 그들이 행실이 좋지 못한 여성을 첩으로 두었음은 물론, 음행 후 집을 나간 첩을 다시 데리고 와서 살려고도 했다(사사기 19:2).4) 특히 성경 사사기에서 보는 바와 같이 음행한 첩을 데려 오고자 집을 나섰던 레위인이 돌아오는 길에 불량배들에 의해 그의 첩이 집단 성폭행을 당하고 죽음에까지 이르는 충격적 사건이 발생한다. 이 사건은 인간이 살

그림 6-4 에브라임 지파의 레위인과 죽은 그의 첩

아가는 사회에 도덕적 규범의 방향을 정해 줄 절대적 기준이 사라져 버리면 얼마나 끔직한 일이 발생할 수 있는지를 보여 주었다. 적대감을 가진 이방 민족에 의해 피해를 입은 것이 아니라, 아브라함과 야곱을 같은 조상으로 모시던 이스라엘 한 지파의 불량배들이 다른 지파 나그네를 강간하여 죽음으로까지 내몰았기에 더 놀라운 것이다.

이스라엘 열두 지파의 한 종족이었던 베냐민 지파 지역에 살던 젊은 세대들도 여호수아 시대에 통용되었던 율법과 그 율법에 기초한 전통적 도덕규범이 무엇인지 몰랐다. 그들 주변의 쾌락주의적 이방문화가 물밀 듯이 들어와 어른들의 마음을 빼앗아가 버렸고, 그 영향이 이내 청소년들에게까지 영향을 미치게 되었다. 자신이 평안하게 복 받고 잘 살 것이라고 믿으면 자기 자식도 몰렉신에게 제물로 바치기를 서슴지 않았고, 성적 욕구 충족을 위해서라면 근친상간이나 동성 간의 성교도 마다하지 않는 이방문화가 도덕적 아노미적 상황 속에 있는 베냐민 지파 지역 청년들의 마음을 앗아가 버린 것이다.

이 지역 청소년들은 어떤 삶이 올바른 삶인지 제대로 교육받지 못했다. 이들을 이끌어 줄 절대적 가치가 사라지면서 영적·도덕적 진공상태가 되어 본능과 이기심, 욕망에 이끌려 사회구성원들을 괴롭힐 수 있는 탈법적 행동을 하게 되었고, 이러한 행동이 반복되면서 이들만의 고유한 하위문화가 형성되기에 이르렀다. 탈법적 행동을 처음 하게 될 때 인간의 내면에 자리하고 있는 양심과 충돌하면서 갈등을 잠시 하게 되지만, 처음 자신들을 환영하며 맞아 준 이방 족속의 폭력배 무리들이 그러했듯이, 이제 베냐민 지파의 힘 있는 청년들도 후배들을 끌어들여 범죄적 하위문화를 통해 자기 정체성을 갖도록 하는 일에 자부심을 갖게 되었다. 그들은 어느덧 그들 고유의 폭력적 하위문화를 형성하고 그 문화에 편입

된 자들에게 심리적 안정감과 성취감을 공급해 주는 자들이 된 것이다. 이 하위문화에 참여하는 구성원들은 서로 범죄를 용인하고 응원하며 범행을 지속하게 되었다.

성경 사사기 19장에 나오는 불량배들은 나그네에 대한 성폭행을 영웅시하고, 그러한 범죄행동을 자랑스러운 업적으로 치부하는 집단이었다. 범죄자 1인에 의한 성범죄와 달리 공범형태로 저지르는 집단 성폭행은 폭력적 하위문화의 산물이라고 할 수 있다. 단독적으로 범하는 성범죄는 개인의 심리적 역동과 그에 따른 범죄적 의지와 결단이 중시되겠지만, 집단적으로 행해지는 성범죄는 폭력적 성문화가 이미 하위문화의 형태로 정립이 되어 있는 상황에서, 그 구성원들이 서로를 격려하고 지원하며 행해질 수 있기에 범죄의 수행이 더 용이해지며, 피해자에 대한 침해가 더 심각한 단계로 발전할 수 있는 것이다.[5]

쉬어 가기 강간죄에도 여러 유형이 있는데 그 중 2명 이상이 합동하여 강간행위를 하게 되면 '성폭력범죄의 처벌 등에 관한 특례법' 제4조의 특수강간죄가 성립하게 되어 무기징역 또는 7년 이상의 징역에 처하도록 하고 있다. 이는 형법 제297조 일반 강간죄의 형벌이 3년 이상의 유기징역인 것에 비교하면 매우 중한 형벌이라고 할 수 있다.

2명 이상이 범죄를 같이 행하는 경우를 합동범이라고 하는데 합동범에 의한 특수강간이 인정되기 위해서는 2인 이상이 공동으로 강간행위에 가세하겠다는 의사와(주관적 요건) 실행행위 분담(객관적 요건), 그리고 강간현장에 함께하면서 시간적·장소적 협동관계가 인정되어야 한다.

본문에 나오는 베냐민 지파의 불량배들은 집단으로 레위인 첩을 성폭행 한 것으로 추정되기 때문에 특수강간죄에 해당될 뿐만 아니라 그녀가 결국 사망했으므로 강간치사죄의 책임까지 져야 한다. 강간치사죄는 강간행위 당시 피해자가 사망할 수도 있다는 예견을 해야 함에도 통상적으로 요구되는 주의를 기울이지 못해 결국 사망에 이르게 한 경우 성립한다.

이처럼 특수강간죄의 피해를 입은 피해자가 의도하지 않게 사망에 이른 때에는 '성폭력범죄의 처벌 등에 관한 특례법' 제9조 제2항에 의거하여 무기징역 또는 10년 이상의 유기징역에 처하도록 함으로써 형벌을 더 가중하고 있다.

7

직권남용 범죄자의 회개
: 삭개오

"삭개오가 서서 주께 여짜오되 주여 보시옵소서. 내 소유의
절반을 가난한 자들에게 주겠사오며, 만일 누구의 것을
속여 빼앗은 일이 있으면 네 갑절이나 갚겠나이다."
(누가복음 19:8)

범죄를 갈등론적 시각에서 바라보는 입장에서는 국가가 일반 국민의 이익을 보호하기
보다는 국가운영을 통제하고 있는 지배집단의 이익과 가치를 대변하기 위해 존재하며,
그 이익보호를 위해 법을 제정하고 범죄를 규정한다고 주장한다. 즉, 법을 현실에 적용
하는 일을 담당하는 관료들도 자기 이익을 보호하는 데 그 목적을 둔다고 본 것이다.[1]

이러한 갈등론적 범죄학이 태동한 시기는 19세기 산업혁명이 발생했던 때로서 자본가
는 날로 부유해지는 반면, 노동자들은 노동의 착취와 빈곤에 시달리는 상황이 전개되던
때였다. 반면, 삭개오가 살았던 시기는 A.D.27년경 이스라엘이 로마의 식민 지배를 받
던 시기였으므로 이 둘은 전혀 시대적 배경이 다르다. 그럼에도 불구하고 양 시대의 공
통점이 있다면 그것은 국가권력을 행사하고 있는 지배층의 '착취 행위'라고 말할 수 있
을 것이다.

삭개오는 이스라엘 사람으로서 식민지배를 하던 로마 정부에 빌붙어 세무공무원으로
부를 이룬 자였다. 그는 국가로부터 징세(徵稅) 권력을 부여받은 후 직권을 남용하여 과다
한 세금을 부과하고, 그 차액을 착취함으로써 부를 증식했던 화이트 칼라(white colour)
형 범죄자였다. 그러던 그가 전격적으로 자신의 과오를 뉘우치고 새 사람으로 변화되었
다. 그 변화의 동력은 무엇이었을까? 범죄학은 범죄의 원인을 규명하고 범죄예방을 위한
다양한 형사정책을 탐구하는 학문이지만 범죄자인 인간을 근본적으로 치유하지 못해 왔
기에 범죄자 삭개오의 급격한 변화를 초래한 단서가 과연 무엇인지가 궁금해진다.

시대적 배경과
삭개오의 야망

　　A.D. 27년경 이스라엘 요단Jordan 골짜기에 있는 여리고Jericho 지역에 삭개오Zacchaeus라 불리우는 세무공무원이 살고 있었다. 그가 살고 있는 이 성읍으로 접근하는 길은 황량했지만, 일단 여리고 지역으로 들어서면 늘 향기가 풍길 정도로 과일이 풍족하였으므로 '향기의 도시'라는 별명이 붙을 정도였다.2) 성읍 중심부에는 물이 넉넉한 샘이 있어 각종 과실나무가 잘 자라는 자연환경을 갖추고 있었다. B.C.853년경 활동했던 이스라엘 선지자 엘리사가 마시지 못할 물을 기적적으로 고쳐 식수로 쓰게 했다는 사연을 가진 엘리사Elisha의 샘물 터가 오늘날까지 존재하고 있는데 (열왕기하 2:21), 이를 보더라도 고대로부터 식수가 풍부했다는 것을 알 수 있다. 이처럼 좋은 자연조건 때문인지 여리고 시내 중심가에는 삭개오가 올랐다고 전해오는 큰 돌무화과나무가 아직도 건재하고 있다.

　　한편, 여리고는 이스라엘 길르앗 지방으로부터 들어오는 향유가 통과하는 길목이었기에 통관세를 받는 큰 세관이 들어서 있었는데,3) 삭개오가 이 세관의 책임자였다. 당시는 로마가 이스라엘을 식민통치하던 시절이었는데 로마 정부는 세금징수의 편의를 위해 상당한 금전을 납부한 자에게 세금징수의 관직을 부여하는 제도를 갖고 있었다. 점령국인 로마출신 관리가 직접 세금을 징수하는 것보다 이스라엘 백성 중에서 적합한 자를 선발하여 그 업무를 맡기면 조세 저항이 덜하고 업무수행도 효율적일 것이라는 믿음 때문에 시도된 것이었다. 비록 로마의 지배를 받는 시기이긴 하지만 정치권력을 등에 업고 안정된 생활을 해 보겠다고 꿈꾸었던 사람들은 이 공직을 얻고자 도전하였는데 삭개오도 그 중 한 사람이었다. 그가 세무직 관리 선발절차에 응시할 당시 로마 정부는 가장 고액의 금전을 납부한 자에게 관직을 내리겠다는 조건을 내걸었는데,

삭개오가 여러 경쟁자를 물리치고 세리 직책을 부여 받았다.[4]

당시 이스라엘에서 출세를 하려면 유대교 종교지도자가 되기 위한 엘리트 코스를 밟든지, 아니면 로마 정부의 관료로 입문하는 방법을 택하든지, 그것도 아니라면 막대한 부를 쌓을 수 있는 제3의 방법을 모색해야만 했다. 삭개오는 평범한 가정 출신이었기에 위 세 가지 중 어느 하나도 녹록지 않은 실정이었다. 그의 아버지는 자신의 아들이 세상에서 부와 권력을 쟁취하기보다 바른 사람으로 살아가기를 소망하였기에 '의롭다'는 뜻을 지닌 '삭개오'라는 이름을 지어 주었다. 하지만 삭개오는 그 부모의 바람과 달리 영향력 있는 사람이 되기를 원했고, 그 길에 이르는 수단으로 세리稅吏의 길을 걷기로 결심한 뒤 상당 기간 필요한 자금을 모아 로마 정부의 관직을 매수하였던 것이다.

어린 시절부터 총명했던 그에게는 두 가지 콤플렉스가 있었다. 그의 당찬 야망을 실현해 주기에는 집안이 너무 가난하다는 것과 신체적으로 키가 너무 작다는 사실이었다. 이 때문에 종종 주변 사람들로부터 업신여김을 받기도 했다. 게다가 특별한 가문적 배경이 있었던 것도 아니였기에 그는 돈을 많이 벌어 부자가 되는 것이야말로 자신이 무시 당하지 않고 살 수 있는 유일한 길이라고 생각했다. 세리가 되겠다고 마음 먹은 것도 그가 가졌던 어린 시절의 열등감 탓이 컸다. 이 여리고 지역에서 으뜸가는 부자가 되면 아무도 자기를 함부로 대하지 못하리라 여겼던 것이다.

로마 정부에 의해 임명된 이스라엘 출신 세리는 봉급이 없었다. 사전에 정부 측에서 요구한 징세 금액만 잘 맞추어 주면 세금을 얼마나 부과하고 징수할 것인가는 담당 세리가 결정할 수 있도록 하는 시스템이 작동하고 있었다. 그래서 세리들은 항상 정부가 요구하는 금액 이상의 수준으로 세금을 거둔 다음, 초과액을 착복하여 부를 쌓아 나갔다. 로마 정부가 암묵적으로 세리들의 횡령행위를 눈감아 주는 관행이 있었던 것이다.[5] 공무원이 법에서 정한 범위를 넘어서서 과중하게 납세의무를 부과하는 행위는 형법상 직권남용죄에도 해당하는 것으로서 백성들의 재산을 불법적으로 수탈하는 비윤리적 행위에 속한다. 직권남용 행위는 국가의 정상적 기능을 해치는 범죄로서 국가행정에 대한 국민의 신뢰를 떨어뜨리는 행위임과 동시에, 국가의 정당한 권력행사라는 미명하에 일반 시민을 괴롭히는 범죄이기도 하다. 하지만 로마 정부는 이러한 직권남용행위조차도 공공연히 묵인해 주었기에 과중한 징세 관행은 지속적으로 이어지고 있었다. 이렇듯 동족을 상대로 한 수탈과 불법적 재산증식 행위 때문에 사람들은 세리들을 상종 못할 죄인이라고 보면서, 이스라엘 공동체 내에서는 버러지와 같은 천민 취급을 하게 되었다. 이런 와중에도 삭개오는 로마 정부의 신임을 얻어 어느 덧 여리고 지역 모든 납세업무를 총괄하는 세리장稅吏長의 지위에까지 오르게 된 것이다.

범죄로 인한 광영에서 나눔의 희락으로

40대 젊은 나이에 여리고 지역 세리장까지 되었고, 남이 부러워할 정도로 부자가 되었으니 어릴 적 출세하겠다는 꿈은 어느 정도 이룬 셈이었다. 비록 직권남용을 통한 탈법적인 부의 축적이었지만 그가 누리는 광영光榮의 맛은 한 동안 달콤하게 느껴졌다. 그러나 최근 들어서 삭개오의 마음속에는 원인 모를 허전함이 늘 자리를 하고 있었다. 사람들은 로마 정부의 응징이 무서워 대 놓고 삭개오 면전에서 욕을 하거나 테러를 하지는 않았지만 등 뒤에서는 같은 민족의 피를 빨아먹고 사는 거머리

그림 7-1 예수와 삭개오의 만남

같은 자라며 사람들이 수군수군 대는 소리를 종종 들어야 했다. 전에는 부자가 되어야겠다는 신념에 눈이 멀어 자신을 흉보는 소리조차도 한 귀로 듣고 그냥 흘려보냈으나 성공의 정점에 오른 지금에는 자신을 향해 쏟아지는 비난의 화살이 민감하게 느껴지면서 그런 말을 들은 날 밤은 잠을 이루기가 어려웠다. 내가 왜 이러는 것일까? 이 번민은 어디에서 온단 말인가? 많은 재산으로도 채울 수 없는 이 마음의 공허함은 도대체

무엇 때문이란 말인가? 자신에게 끊임없이 물어보았지만 해답을 찾을 길이 없었다.

그러던 중 갈릴리 나사렛 출신의 예수라는 인물이 이곳저곳을 순회하면서 많은 병자들을 고치며 기적을 행함은 물론, 훌륭한 가르침을 베풀어 고통 속에 신음하던 사람들이 변화되고 있다는 소문을 듣게 되었다. 게다가 동족을 배신한 매국노라며 놀림 받고 있는 자기와 같은 세리들조차도 친구라고 불러주면서 따뜻이 대해주고 있다는 말을 듣자 삭개오의 눈이 번쩍 뜨였다. 원인모를 공허함으로 가득 찼던 어두운 마음속으로 한 줄기의 서광이 내리 비치는 느낌이었다. 더욱 놀라운 소식은 그가 얼마 안 있으면 예루살렘으로 가기 위해 이곳 여리고를 통과할 예정이라는 것이었다. 가슴이 방망이질을 했다. 내 이 사람을 꼭 만나보리라 다짐을 하며 그가 여리고에 도착할 순간만을 손꼽아 기다렸다.

드디어 예수가 여리고 가까이 오고 있다는 소식이 들어왔다. 이곳 여리고 지역에도 예수의 명성이 널리 퍼져 있던 터라 그가 걸어가는 길에는 수많은 군중이 한꺼번에 몰려들었다. 이 같은 상황에서 키가 작은 삭개오가 예수를 만나본다는 것은 거의 불가능에 가까웠다. 예수가 지나가는 쪽으로 다가가려 했지만 군중의 물결에 바깥으로 밀려날 뿐이었다. 애가 탔다. 그때 주위를 둘러보니 돌무화과나무가 보였다.

옳거니 저 나무로 올라가면 그의 얼굴을 볼 수 있으리라 하고 단숨에 그쪽으로 달려가 나무에 올라탔다. 과연 무화과나무 위에 올라서니 그의 얼굴이 한 눈에 들어왔다. 그런데 그를 정면으로 바라본 순간, 놀랍게 예수도 눈길을 자기에게로 향하고 있는 것 아닌가! 그와 눈을 마주친 순간, "삭개오야, 얼른 내려 와라. 오늘 네 집에 좀 들러야겠다!(누가복음

19:5)"라는 말을 듣게 되자 깜짝 놀라서 하마터면 나무에서 떨어질 뻔 했다. 한 번도 만나 본 적 없는 저 분이 어떻게 내 이름을 알지? 더구나 우리 집을 방문한다고? 그러나 자초지종을 깊이 생각할 겨를이 없었다. 많은 사람들이 자신을 멸시하면서 상종하려 하지 않았지만 사람들의 존경을 한 몸에 받는 분이 나를 알아주었을 뿐만 아니라 우리 집을 방문할 예정이라는 말씀에 가슴이 벅차올라 심장이 터질 것만 같았다. 나무에서 내려오던 삭개오의 마음속에서는 일찍이 그 어디서도 맛볼 수 없었던 기쁨이 용솟음 치고 있었다.

예수보다 먼저 집으로 달려갔던 삭개오는 하인들에게 손과 발을 씻을 물을 내오게 하고 아내에게 음식 준비를 시켰다. 그리고서 군중들 틈에서 벗어나 자신의 집 대문으로 들어서는 예수를 정중히 영접하였다.

그림 7-2 잔치를 벌이는 삭개오

이때 삭개오의 마음 한 쪽에서는 크고 벅찬 희열이 넘쳐나면서도, 마음의 다른 한 구석에서는 지난 날 과중한 세금 부과로 백성들을 괴롭혔던 기억들이 섬광과 같이 지나갔다. 바로 그때 삭개오는 자신의 과오를 회개하고 새로운 출발을 지금 하지 않으면 자신을 괴롭히던 공허감에서 못 헤어난 채 영영 후회하며 살 것 같다는 생각에 압도되었다. 결국 그는 예수의 면전에서 자신의 결심을 단호하게 선포하기에 이르렀다. "주여, 제가 소유한 재산의 절반을 가난한 자들에게 나눠주고, 남에게 불법적으로 탈취한 재물이라고 여겨질 경우 탈취한 재물의 4배를 갚겠나이다(누가복음 19:8)." 이 말을 들은 예수는 기쁜 얼굴로 주위 사람들에게 말하였다. "오늘 구원이 이 집에 이르렀으니 이 사람도 믿음의 조상 아브라함의 자손이로다!"

여기서 삭개오가 구원을 받았다고 한 예수의 언급은 삭개오가 자신의 과오를 철저하게 뉘우쳤으므로 지난날의 죄가 이미 용서를 받았으며, 이제부터는 더 이상 세상 가치를 좇는 것을 포기하고 하나님이 정한 공의公義의 세계로 편입되어 살아가는 족속이 되었다는 공식적 선포였다. 이제야 비로소 삭개오는 그의 부모가 지어준 이름의 의미와 같이 '청결하고 의로운 사람'의 반열에 들어서게 되었다. 마음속에 기숙했던 원인모를 공허감이 사라지고 벅찬 희열이 터져 나오는 인생의 길로 접어들게 된 것이다.

인간 본성의 근본적 치유를 통한
범죄예방

범죄원인을 인간의 합리적 이성작용의 실패에서 찾았던 '고전주의적 범죄이론the Classical Criminology'은 고대 그리이스의 헬레니즘Hellenism 철학에 그 기반을 둔 이론으로서 오늘날의 범죄이론에도 적용될 여지가 있다. 범인들이 범죄를 결행함에 있어서 이른바 '비용－편익 분석cost－benefit analysis'이나 '합리적 선택이론rational choice theory'을 적용하여 범행의 득실을 따진 뒤, 범죄로 인해 거둘 수 있는 수익이 체포될 리스크 및 그로 인한 비용을 훨씬 능가할 경우 범행이 감행된다는 징후들을 오늘날에도 종종 발견할 수 있기 때문이다. 이에 고전주의 범죄학에서는 범죄예방을 위해 범죄자를 반드시 체포하고확실성, 형벌을 강화하며엄격성, 신속하게 형사절차를 진행함으로써신속성 범죄자들의 심리를 위축시켜야 한다고 주장한다.6)

하지만 근현대 범죄학은 경험주의와 과학주의에 토대를 둔 '실증주의 범죄학파the Positivist School'의 범죄이론이 대세였다고 할 수 있다. 실증주의 범죄학에서는 경험되지 못하고 검증되지 않은 지식을 거부하므로 범죄학 연구에도 과학주의가 적용되어야 한다고 주장한다. 따라서 인간의 범죄의 발생은 이성적 계산과정을 통해 선택되어지는 것이 아니라 생물학적, 심리학적, 사회학적 환경에 의해 결정된다고 말하고 있다. 즉, 뇌의 전두엽에 장애로 인해 공격성이 발현되거나생물학적 환경요인, 성장과정에서 도덕적 인지능력 발달이 제대로 이뤄지지 않거나심리학적 환경요인, 빈곤한 가정환경으로 인해 비행 하위문화에 빠지는 등사회적 환경요인 대내외적인 환경요인이 범죄를 발생시킨다고 보는 것이다. 이 때문에 실증주의 범죄학자들은 범죄예방을 위한 생물학적·심리학적 치료나 사회적 조건 개선에 많은 관심을 갖게 된다. 하지만 범죄자에게 도덕적 책임을 제대로 묻지 않은 채 지나치게 관용적인 형사정책을 취함으로써 범죄가 오히려 증가하고 있다는 비판을 받고 있다.

범죄예방이라는 측면에서 생각해 볼 때 고전주의 범죄이론이나 실증주의 범죄이론에서 제시하는 예방책들이 각각 타당한 측면이 없는 것이 아니다. 그러나 고대사회에서 현대 문명사회에 이르기까지 인류가 존재했던 모든 시기에는 범죄가 존재했고, 과학이론에 기초한 각종 형사정책이 집행되고 있는 지금도 범죄행위는 여전히 멈추지 않고 있다. 다시 말하면 각 시대마다 범죄예방책이 탐구되어 적용되어 왔지만 범죄의 발생을 근본적으로 차단하고 있지는 못하고 있는 것이다.

결국 온전한 범죄예방은 인간 본성의 근본적 치유라는 존재론적 시각에서 접근되어야 한다. 만일 로마 정부가 삭개오의 직권남용 행위를 묵과하지 않고 처벌하였다면 삭개오가 더 이상 부를 탐하지 않는 인간으로 변화되었을까? 아니면 삭개오가 오늘날 자유민주주의 국가에서 복지혜택을 누리고 있는 관료였다면 부를 축적하려는 욕망과 출세를 꿈꾸던 그의 욕망은 소멸되었을까? 안타깝게도 이에 대한 대답은 부정적이다. 인간 심성에 근본적인 변화가 오지 않고서는 형벌로도, 사회적 환경개선으로도 그 내면에 자리한 탐욕과 정욕에 터 잡은 범죄 본능을 제거할 수는 없는 것이다. 인간 본성에 내재된 그 본능을 이성과 과학의 힘으로 극복할 수 없다는 뜻이다. 그렇다면 범죄예방을 위한 근본적인 해법은 무엇인가? 바로 존재론적 인간치유이다. 삭개오는 예수와의 만남을 통해 그 치유를 경험한 뒤 자신의 과오로 인해 빚어진 죄의 결과들을 깨끗이 청산하는 작업을 시도하면서 범죄자의 삶과 결별한다. 이러한 변화를 체험케 해 주는 것이야말로 우리가 바라고 있는 진정한 의미의 범죄예방정책이라 할 것이다.

**쉬어
가기**   공무원이 직권을 남용하여 사람으로 하여금 의무 없는 일을 하게 하거나 사람의 권리행사를 방해하면 형법 제123조 직권남용죄가 성립한다. 직권을 남용한다는 뜻은 공무원이 형식상 자신의 일반적 직무권한에 속한 사항에 대하여 직권행사를 빌미로 실질적, 구체적으로 위법하거나 부당한 행위를 하는 것을 말한다. 자신의 직무권한이 아닌 사항에 대한 행위는 이 죄가 성립하지 않으나 본문에 나오는 바와 같이 세무공무원인 삭개오가 징세업무를 취급하면서 과중한 납세의무를 백성에게 부과하는 행위는 명백한 직권남용죄에 해당하는 것이다.

우리나라 국가배상법 제2조 제1항은 국가나 지방자치단체 공무원이 직무를 집행하면서 직권남용과 같은 범죄의 고의를 가지고 법령에 위반하여 타인에게 손해를 입히게 되면 그 손해를 국가가 배상하도록 하고 있으며, 제2조 제2항에서는 국가나 지방자치단체가 피해자에게 지급한 배상액을 불법행위를 행한 공무원으로부터 징수할 수 있도록 하고 있는데 이를 '구상(求償)'이라 한다. 삭개오는 세무 공무원으로서 고의를 가지고 세금을 과다하게 매겨 차액을 착복함으로써 백성에게 손해를 가했으니 그 손해에 대해서 배상을 하는 것은 법리적으로 정당하다. 배상의 기준은 공무원의 불법행위와 상당한 인과관계가 있는 범위의 손해라야 한다.

고대 이스라엘 율법에 따르면 사기를 쳐서 얻은 돈을 변상할 때에는 오분의 일, 즉 사기 금액의 20%에 해당하는 벌금을 물렸고(레위기 6:5, 민수기 5:6,7), 동물을 훔쳐 죽였을 때에만 4배의 배상이 요구되었다(출애굽기 22:1). 이는 피해자가 입은 객관적 손실을 배상하는 것 외에도 정신적 고통을 가한 것에 대한 징벌의 의미로 벌금을 물리고, 피해자에게 위자료 지급 차원에서 배상액 규모를 늘렸던 것 같다. 이와 같은 상황에서 삭개오가 타인의 것을 속여 빼앗은 일이 있을 경우 4배를 갚겠다고 말한 것은 율법이 정하고 있는 기준을 훨씬 초과하여 손해배상을 약속한 것이 되고, 가난한 자에게 자기 소유의 50%를 기부하겠다고 선포한 것도 율법에도 없는 선행을 결단한 것으로서 참된 회개의 표징이 될 수 있다 하겠다.

8

재산 강탈을 위한 사법 살인
: 이세벨

"이세벨이 나봇이 돌에 맞아 죽었다 함을 듣고
이세벨이 아합에게 이르되 일어나
그 이스르엘 사람 나봇이 돈으로 바꾸어 주기를
싫어하던 나봇의 포도원을 차지하소서.
나봇이 살아 있지 아니하고 죽었나이다."

(열왕기상 21:15)

B.C.874년경 이스라엘 왕 오므리가 죽자 그의 아들 아합이 왕권을 승계하였는데 그는 이방 국가라고 할 수 있는 시돈(Sidon) 사람의 왕 엣바알(Ethbaal)의 딸 이세벨 (Jezebel)을 아내로 맞이한다. 그의 아버지는 당시 근동지방의 대표적인 우상 신이었던 바알(Baal)의 제사장이었으므로 그녀도 열렬한 바알 숭배자였다. 결혼 동맹을 통해 정국 의 안정을 도모해 보려는 오므리 왕의 정략에서 비롯된 일이었지만, 아합 왕은 천성이 사악하고 음행과 술수가 뛰어난 이세벨과 혼인을 함으로써 이스라엘의 정통 하나님 신앙 이 거의 멸절될 지경에 이른다.[1]

본문에 소개되는 나봇의 포도원 사건은 아합 왕이 이세벨의 계략에 놀아나는 모습을 보여 준 사건이자 그녀의 악랄함을 여실히 드러내 준 사건이기도 하다. 권력을 사유화하 여 선하고 신실한 백성을 거짓 재판으로 죽이고, 그 재산을 강탈하는 과정은 끔직 하기 까지 하다. 국가권력에 의한 재산 강탈과 사법 살인의 전형인 것이다. 결국 아합 왕은 선지자 엘리야의 예언대로 아람과의 전투에서 패한 뒤 그의 피는 개들의 먹이가 되었고 (열왕기상 22:38), 아합 집안의 숙청을 감행했던 예후(Jehu)에 의해 이세벨도 죽임을 당하여 그 시체가 개들의 먹이가 되고 만다(열왕기하 9:35-37).

절대권력의 부패 위험성

통일왕국 이스라엘의 두 번째 왕이었던 솔로몬Solomon이 통치하던 시기B.C. 970~931에 이스라엘은 최고의 번영기를 누린다. 당시 병거가 1,400대였고, 마병만 12,000명이었다. 금을 얼마나 많이 모았던지 왕이 마시는 그릇을 다 금으로 만들었음은 물론 큰 방패와 작은 방패조차 금으로 만들 지경이었다(열왕기상 10:21). 오늘날의 언어로 표현하자면 군사력 증강을 위해 수많은 탱크를 제작하여 대규모 기갑부대를 편성했다는 뜻이며, 대통령이 쓰는 식기를 모두 금으로 치장하고, 경호를 위해 입는 방탄복 조차 금으로 제작했다는 이야기가 된다. 뿐만 아니라 솔로몬은 모압, 암몬, 에돔, 시돈, 헷과 같은 이방 족속의 여인들을 아내로 맞아들였는데 후궁이 700명이요, 첩이 300명에 달했다(열왕기상 11:3).

이러한 솔로몬의 모든 행동은 모세 시대에 이스라엘이 섬기던 하나님의 명령에 배치된 것들이었다. 성경 신명기 17장에서 하나님은 왕된 자가 말을 많이 두지 말라는 경고를 하는 것 외에도, 마음이 미혹되지 않도록 아내 또한 많이 두지 말라 하였으며, 자신의 안락을 위해 금과 은을 많이 쌓지 말라고 명령하였다(신명기 17:16~17). 그러나 솔로몬은 이 세 가지를 모두 범하여 타락의 길로 접어들게 되었다. 특히 국제질서의 평화와 안전을 도모하고자 이스라엘 주변 지역의 이방 족속과 정략결혼을 하였으나, 솔로몬이 사랑했던 이방 여인들의 영향으로 그는 본래의 하나님 신앙에서 멀어져 우상숭배로 빠지게 되었다. 그 결과 하나님의 지혜를 저버리고 오직 왕에게 주어진 권력으로 철권통치를 선포한 그의 아들 르호보암 시대에 통일왕국 이스라엘이 남쪽 유다와 북쪽 이스라엘로 분단되고 말았다.

남 유다를 대적하여 통일왕국을 분열시키면서 북쪽 이스라엘을 이끈 지도자는 여로보암Jeroboam이라는 자였다. 솔로몬 왕의 아들 르호보암Rehoboam이 아버지보다 더 중한 노역을 시키면서 철권통치를 하겠다고 선언하자 여로보암은 유다와 베냐민 지파를 제외한 이스라엘 열 지파를 불러 모아 북 왕국을 세우기에 이르렀다. 그는 북쪽 이스라엘 사람들이 종교적 이유로 남 유다 예루살렘에 위치해 있는 하나님 성전을 찾게 되면 그 백성들의 마음이 자기에게서 떠나갈까 두려워 자기 멋대로 벧엘Bethel과 단Dan 두 지역에 금송아지를 만들어 세운 뒤 이것이 자신들을 이집트에서 탈출시킨 신이라며 백성들을 미혹하게 된다. 이것이 북 이스라엘 왕과 백성에게 죄의 올무가 되어 악한 왕들의 통치가 계속 이어지게 되

그림 8-1 이세벨과 아합 왕

었고, 마침내 B.C.722년 앗수르에 의해 북 왕국은 멸망하고 만다.

그런데 북 이스라엘의 6대 왕이었던 아합Ahab 왕은 성경의 기록에 따르면 초대 왕 여로보암에서 시작하여 나답, 바아사, 엘라, 오므리 왕에 이르기까지 선대의 다섯 왕보다 더욱 악했다고 기록하고 있다. 그는 이 방 족속인 시돈 사람의 왕 엣바알의 딸 이세벨Jezebel을 아내로 맞이하였 는데, 그녀의 영향으로 하나님 신앙을 떠나 이방 신 바알을 숭배하여 사 당을 짓고 제단을 쌓으며 나무로 우상을 만드는 반신앙적 행위를 자행했 다(열왕기상 16:30~33). 이때 아합 왕과 왕후 이세벨은 절대권력을 휘두르며 아무 죄 없는 백성을 범죄자로 몰아 살해하는 일까지 벌이게 되는데 그 대표적인 것이 '나봇의 포도원 사건'이다.

증거 조작에 의한 사법 살인

아합 왕은 B.C.874년에서 853년까지 약 22년 동안 북쪽 이스라엘을 다스렸다. 이때 왕비 이세벨의 악행은 아합 왕을 능가했지만 아합 왕은 그녀의 악행을 묵인했음은 물론 그 결실을 누리면서도 별다른 양심의 가 책을 느끼지 않았던 것으로 보인다. 나봇의 포도원 사건은 이를 여과 없 이 보여주고 있다 하겠다(열왕기상 21:1~15).

나봇Naboth은 아합 왕이 기거하는 궁 가까이에 포도원을 소유하고 있 던 사람이었다. 하루는 아합 왕이 그 포도원에 텃밭을 가꾸고 싶어 그 과 수원을 사려고 했다. 하지만 나봇은 왕이 다른 포도원을 대신 주겠다는 것도 싫다 하였을 뿐만 아니라, 합당한 가격을 치르고 사겠다고 해도 거 절했다. 왕이 백성의 소유지를 강제로 탈취하겠다는 것도 아니고 제 값을 치르겠다고 했음에도 거절을 한 상황이었으므로 그는 무척 당황했을 것이다. 하지만 나봇은 재산상 이익이나 즉흥적인 감정을 좇아 그런 결정을 내린 것이 아니라 하나님의 율례를 준수해야 한다는 신념이 있었기 때문이었다. 성경 민수기 36장 7절에서 하나님은 이스라엘 열 두 지파의 후손들로 하여금 조상으로부터 물려받은 땅을 각 지파의 기업으로 지켜나가라고 명령한 것이다. 나봇이 하나님의 율례 때문에 팔지 못하겠다고 하니 아합 왕도 어찌할 방도를 못 찾고 근심하고 답답하여 식사를 거를 지경까지 되었다(열왕기상 21:4).

아합 왕의 이런 모습을 보고 이세벨이 다가와 그 연유를 물으니 여차 저차 나봇과 나누었던 대화를 들려주었다. 이세벨이 그 얘기를 듣고 보니 나봇이라는 그자가 괘씸하게 여겨졌다. 감히 한 나라의 왕이 백성에게 제 값을 치르고 그의 땅을 사겠다는 데도 거절하다니... 하나님을 두려워하지 않았던 이세벨이었기에 나봇의 이러한 행동은 왕을 무시하고 능멸하는 행동에 다름 아니라고 생각하였다. 그래서 왕에게 이르기를, "당신은 이 나라의 왕입니다. 왕은 준엄하게 절대권력을 행사함으로써 그 위엄을 백성들에게 보여주어야지 왜 그리 우울해 하며 앉아계십니까? 이 일은 제가 알아서 처리하겠으니 왕은 이제 일어나 식사를 하시고 즐거운 마음으로 기다리십시오." 이 말을 마치기가 무섭게 이세벨은 아합 왕의 이름으로 편지를 쓴 뒤 아합 왕의 직인을 날인하여 나봇이 거주하는 지역의 장로와 귀인들에게 송부하였다. 그 편지에는 다음과 같은 내용이 적혀있었다. "이 편지를 받은 즉시 백성들에게 금식을 선포하고 나봇을 백성들이 다 볼 수 있는 높은 곳에 앉히라. 그런 뒤에 힘센 청년 두 명을 증인으로 그 앞에 마주 앉힌 다음 그 청년들로 하여금 '네가 하나님과 왕을 저주하였다!'고 외치게 하라. 그 후에 나봇을 끌고 나가서 돌로 쳐 죽이라(열왕기상 21:7-10)."

그림 8-2 조작된 재판으로 살해당하는 나봇

　이 편지를 받은 장로들과 귀족들이 왕의 명령대로 행하여 거짓 증인
을 내세워 형식적인 재판을 한 뒤 나봇을 그만 돌로 쳐 죽이고 말았다.
이세벨의 조작된 거짓 편지로 말미암아 무고한 생명이 희생을 당하고 만
것이다. 이른바 증거 조작에 의한 사법 살인이었다. 이세벨은 나봇이 죽
었다는 소식을 듣자마자 아합 왕에게, "포도원을 돈으로도 바꾸기 싫어
하던 나봇이 죽었으니 그의 포도원을 왕의 소유로 삼으소서."라고 알렸
다. 이 소식을 들은 아합 왕은 어찌된 연유인지 그 내막도 묻지도 않은
채 포도원이 자기 소유가 되었다는 사실에 흥분하면서 포도원을 향해 달
려 나갔다.

그는 자기의 탐욕에서 비롯된 한 백성의 억울한 죽음에 대하여 책임의식도, 양심의 가책도 느끼지 못했다. 아니 어쩌면 내면에서 울리는 양심의 가책을 아내 이세벨에게 책임을 전가시켜 자신의 욕구충족을 정당화했을 수도 있다. 자신의 요청을 거절한 나봇의 무례한 행위를 현장에서 제압하지 못하고 속으로만 끙끙 앓고 있었는데, 앓던 치아를 아내인 이세벨이 대신 빼 주었으니 내심으로는 다행이구나 싶었을 것이다. 이처럼 탐욕에 눈이 어두워 왕비가 무고한 살인행위를 저지르려 함에도 이를 수수방관할 정도로 그의 내면에서 울리는 양심의 목소리는 철저히 마비되어 있었다. 왕비의 악행 뒤에 숨어 법적·도덕적 책임을 그녀에게 전가시키면서 자신의 욕심을 채우는 비겁한 권력자의 모습을 유감없이 보여주었던 것이다.

국가범죄의 특성과 피해의 구제

영국 태생의 철학자 토마스 홉스는 그의 책 '리바이어던'에서 자연상태의 인간이 그 고독과 불안의 상태에서 벗어나 안전한 삶을 살기 위하여 인간이 누릴 수 있는 천부적 권리를 공동의 권력에 위탁하기로 사회계약을 맺게 된 것이 국가의 기원이 되었다고 말한다. 이처럼 국가는 인간에 의해 만들어졌지만 인간 개개인의 인격을 넘어서는 막강한 존재가 되어 버린다. 인민의 생명과 재산을 지켜주는 기능의 수행이 본래 국가의 목적이지만 위탁받은 국가권력을 악용하면 많은 사람들의 생명을 앗아가고 그들의 재산을 불법적으로 빼앗을 수도 있다. 그렇기에 국가는 통제 불능의 힘을 행사하는 세속의 신이 될 수도 있다. 국가기관은 법집행을 위해 물리력을 사용하는 것이 허용되기 때문에 법의 이름을 빌어 막강한 수준의 합법적 폭력을 국민에게 행사할 수 있는 주체인 것이다.[2]

국가기관이 주어진 권력을 남용하여 국민의 권익을 침해했다면 그것은 형법상 국가범죄가 된다. 국가범죄는 몇 가지 측면에서 다음과 같이 일반 개인이 범하는 범죄와는 다른 특성들을 지니고 있다.[3)]

첫째, 피해범위가 개인이 범하는 범죄와 비교할 수 없을 정도로 크게 확장된다. 독재자가 반인권적 입법을 추진하고 이를 기반으로 하는 무소불위의 법집행을 감행한다면 전 국민이 고통을 당할 수 있는 것이다.

둘째, 피해상황이 쉽게 종결되지 않고 오래 지속된다. 예를 들어 권위주의적인 정부가 수립될 경우 시민들의 표현의 자유가 억압되기에 정부를 비판하는 사람들은 반국가사범으로 처벌받을 가능성이 높아지는 것이다. 피해자들은 수사 및 재판절차에서 진실의 은폐와 사실의 왜곡으로 말미암아 위법·부당한 사법적 판단을 통해 과중한 형벌을 받기 쉽고, 더 나아가 그 정부가 존속되는 한 피해가 회복되지 못하고 지속될 수 있다.

셋째, 책임이 분산되고 희석된다. 유대인 학살에 가담했던 독일인 아히이만이 악마적인 성격을 지녔던 사람이 아니라, 상사의 명령을 묵묵히 수행했던 평범한 인간에 지나지 않았다는 사실은, 국가기관에 종사하는 공무원이 상사의 명령에 맹목적으로 순응할 때 별다른 양심의 가책과 책임의식을 갖지 못한 채 반인륜적인 범죄행위를 얼마든지 저지를 수 있다는 것을 보여 준다.

넷째, 이중적 정의체계를 활용할 가능성이 높다. 사법 민주주의가 확립되지 않은 국가에서는 형사절차가 공정하게 평등하게 진행되지 않는 경우가 많다. 재벌이나 정치권력자들의 범죄는 관대하게 처리하면서도 영향력 없는 일반 시민에게는 동종 범죄에 대하여 가혹한 처벌이 내려질 수 있는 것이다.

다섯째, 비가시성과 은폐성의 특징을 지닌다. 국가행정은 시민들이 정보공개 청구를 하지 않는 한 그 자세한 내막 상황에 쉽게 접근하기 어렵기 때문에 국가기관이 범죄를 범하더라도 잘 드러나지 않아 은폐되기 쉽다. 때로는 국가범죄를 숨기기 위하여 서류를 조작하거나 거짓된 홍보와 선전을 할 수도 있는 것이다.

국가권력을 이용하여 아무런 잘못이 없는 선한 나봇에게 거짓 혐의를 뒤집어 씌워 죽이고, 그의 소유였던 포도원을 가로채는 범죄를 저질렀던 이세벨과 아합 왕의 악행 속에서 위에서 살펴보았던 국가범죄의 몇 가지 특성을 엿볼 수 있다. 나봇이 받았던 범죄혐의는 "하나님을 저주한 신성모독죄"와 "왕을 저주한 국가원수 모독죄"였다. 그는 위증을 교사받은 거짓 증인 2명의 진술을 통해 법정에 세워졌고, 어느 누구의 변호도 받지 못한 채 유죄가 선고되었으며, 오판여부를 시정하기 위한 상급심의 재판도 받지 못한 채 현장에서 즉결로 사형처분을 받았다. 이른바 '사법살인司法 殺人'이 자행된 것이다.

이때 아합 왕이 느낄 수 있는 양심의 가책을 왕비 이세벨이 덜어주었고, 성읍 무리들은 왕비의 살인의지를 관철시켜 줌으로써 이세벨의 심적 부담을 덜어주었다. 장로와 귀족들은 왕비의 계략을 좇아 금식을 선포한 뒤 재판 법정을 개정함으로써 사람들에게 재판이 합법적으로 진행되고 있는 것으로 보이게 하였고, 불량배들은 율법이 요구하고 있는 증인 2명 출석요건을 충족시킴으로써 증언의 신뢰성을 가장하였다. 아마도 재판에 간여했던 장로와 귀족들, 위증을 한 불량배들 및 형벌을 집행한 백성들은 모두 왕비의 명령에 복종했을 뿐이라며 자신들의 행위를 정당화했을 것이다. 어쩌면 이들은 왕비 이세벨의 잔혹성을 익히 알고 있었기에 그녀의 명령이 위법하다는 인식을 하면서도 명령을 따랐을 가능성도 있다. 혹은 장로와 귀족들 중 출세에 눈이 어두운 자들이 이세벨의 명령에 적극 동조하면서 이 계략이 실행되도록 도움을 제공했을 수도 있다.

그림 8-3 이세벨의 죽음

어찌되었든 이와 같은 사법살인에 대한 책임은 여러 갈래로 분산되어 각자의 죄의식이 매우 약화될 수밖에 없었다.

이세벨이 저지른 악행은 이번 한번 만이 아니었다. 이전에도 자신의 심기를 거슬렸다는 것을 이유로 하나님 신앙을 가진 선지자 다수를 잡아서 죽인 사건도 있었다(열왕기상 18:13). 이처럼 아합 왕과 왕비 이세벨이 자행한 권력형 범죄는 피해의 범위가 컸고, 그들이 생존하는 동안 지속되었으며, 범죄에 대한 책임도 분산되고 희석되었으니 국가범죄가 지니는 특성들을 여실히 보여준 셈이다. 그러나 이와 같은 권력형 범죄가 영원히 지속될 수는 없었다. 결국 아합 왕은 전쟁터에서 죽게 되고, 이세벨은 자신의 아들 요람이 통치하던 시기에 예후Jehu의 명령에 의해 처형되는 데, 그녀의 시체가 개들에게 뜯어 먹히는 참혹한 심판을 받게 된다(열왕기하 9:36~37).

권력형 국가범죄는 오늘날에도 얼마든지 발생할 수 있다. 이를 사전에 예방하기 위해서는 증거조작 행위 등 사법질서를 어지럽히는 행위를 미연에 방지할 수 있도록 공정하고 엄격한 수사 및 재판절차가 담보되어야 하고, 국가기관의 위법·부당한 권력행사를 항상 감시할 수 있는 시스템이 원활하게 작동하여야 하며, 국가권력 피해자들의 피해회복을 위하여 재심再審의 기회가 충실히 보장되어야 하고, 억울한 감옥살이에 대하여 정당한 형사보상을 받을 수 있어야 함은 물론, 국가의 위법한 사법처분으로 인해 손해를 입은 시민들이 충분한 손해배상을 받을 수 있도록 제도적 뒷받침이 되어야 할 것이다.

법집행에 관련된 명령의 최종 발령권자는 아합 왕이지 자기가 아님에도
이세벨은 왕과 아무런 상의도 없이 아합 왕 명의로 나봇을 재판에 회부하라
는 취지의 문서를 임의로 작성하여 재판을 진행시켰다. 이는 형법 제225조 '공문서
위조죄'에 해당한다. 뿐만 아니라 나봇을 죽이기 위해 거짓 증인을 세워 위증을 하도
록 한 행위는 형법 제152조 '모해위증죄'의 교사범의 죄책을 져야 한다.

그녀가 공문서를 위조하고 모해위증 교사까지 한 까닭은 결국 나봇을 죽이기 위
한 계략에서 비롯된 것이므로 결국 이세벨은 가장 무거운 살인교사의 죄책도 져야만
할 것이다. 우리 형법은 타인으로 하여금 범죄를 저지르도록 적극적으로 부추기는
행위를 하는 것을 교사범이라고 칭하면서, 이러한 교사범에 대해서는 범죄를 직접
실행한 정범과 동일한 형으로 처벌하도록 하고 있다(형법 제31조 제1항).

비록 여왕이 시켜서 한 일이겠지만 재판이 진행할 당시에 거짓인 줄 알면서 사실
과 다른 허위의 증언을 한 두 증인은 현행 형법에 따르면 제152조 위증죄로 처벌된
다. 허위의 진술이라 함은 자신의 주관적 경험과 기억에 반하는 진술을 의미한다. 위
증죄는 국가의 심판권 행사 방해를 저지하기 위해 마련된 것으로서 이러한 행위를 방
치할 경우 국가 사법기능의 심각한 훼손이 초래되기에 입법되었다고 볼 수 있다.[4)]

장로와 귀족들의 명령에 의하여 돌을 던져 나봇을 죽인 백성들의 경우 상부의 사건 조
작 정황을 전혀 모른 상황이었다면 단지 도구가 되어 형벌을 집행했기 때문에 죄를 물을
수 없을 것이다. 그러나 재판이 허위 사실에 기초하였다는 정황을 미리 알고 있으면서도
사형집행에 가담하였다면 돌을 던진 백성들도 살인죄의 죄책을 면하기 어려울 것이다.

9

여론 재판을 통한 사법 살인
: 빌라도

> "이러하므로 빌라도가 예수를 놓으려고 힘썼으나
> 유대인들이 소리질러 가로되 이 사람을 놓으면
> 가이사의 충신이 아니니이다. 무릇 자기를 왕이라
> 하는 자는 가이사를 반역하는 것이니이다...내가 너희
> 왕을 십자가에 못박으라. 대제사장들이 대답하되
> 가이사 외에는 우리에게 왕이 없나이다 하니 이에
> 예수를 십자가에 못박히게 저희에게 넘겨주니라."
>
> (요한복음19:12, 16)

형사사법의 일차적 목적은 개인의 자유를 최소한으로 침해하면서 사회질서를 유지하는 것이다. 이를 위해서는 진정한 권위를 가진 법률과 제도가 필요하고, 질서가 무너졌을 때 이를 회복하기 위한 정당한 수단도 필요하다.[1] 그러면 법률과 제도 및 법집행에 진정한 권위를 부여할 수 있는 것은 무엇인가? 시대에 따라 부침을 거듭하며 변하고 있는 막강한 정치권력인가 아니면 역사와 시대를 뛰어 넘어 사법정의의 방향을 일관되게 제시해 줄 수 있는 초월적 진리인가?

만일 사회정의가 권력을 잡은 정치집단에 의해 그때그때 다르게 결정된다면 같은 범죄에 대한 재판도 정치권력 상황과 그들의 자의적 판단에 따라 진행될 것이다. 즉, 진리가 상대화 되어버린다면 모든 권력자들은 자신들의 주장이 진리라고 주장하며 국민들을 통제할 우려가 있는 것이다. 그러므로 인류를 지배하고 다스릴 법과 도덕과 정의는 초월적 권위에 의해 그 정당성을 부여받아야 한다.

하지만 예수를 재판했던 빌라도(Pilate)는 예수를 재판함에 있어서 초월적 권위에 바탕을 둔, 객관적이고 불변하는 정의의 수호자로 재판한 것이 아니라, 로마 황제의 권력 유지와 자신의 안위를 위협하는지 여부를 판결의 기초로 삼았다. 그렇기에 심리과정에서 예수의 결백을 확신했으면서도 마침내 그의 사형을 허락하였던 것이다. 자신의 총독 지위를 유지하고자 완악한 대중들의 비위를 맞추어 예수를 십자가형에 넘기는 사법 살인을 자행한 것이다.

제자의
배반

예수의 열두 제자 중의 한 사람이었던 가룟 유다Iscariot Judas는 이스라엘 남쪽에 위치한 큰 도시 헤브론에서 남쪽으로 상당히 멀리 떨어진 작은 마을 출신이었다. 그가 태어나 어린 시절을 보냈던 지역의 이름이 '그리옷'(Kerioth, 여호수아 15:25)이었는데 그 지역 명칭을 줄여서 가룟이라고 불렀다. 예수의 다른 제자 가운데에는 '다대오 유다Thaddaeus Judas'라 불리는 또 한 명의 유다가 있었기에 그와 구분하기 위해서 '가룟 유다'라고 그를 부르게 된 것이다.[2]

가룟 유다는 다른 또 하나의 제자였던 '가나나인 시몬Simon'과 꽤 친한 사이였다. 이 둘은 로마의 학정虐政에서 이스라엘을 해방시키고자 독립운동을 펼치던 '열심당원Zealot'에 소속되어 함께 활동한 적이 있었는데 거기서 만나 서로 의기투합한 사이였다. 열심당 출신 유대인들은 로마의 회유책을 거부하고 무력투쟁을 일삼았기 때문에 눈엣가시와 같은 존재들로 여겨져 늘 양자 간에 갈등의 불씨가 존재하였다. 그러던 어느 날 이 두 사람에게도 이스라엘 갈릴리 지역에서 한 지도자가 나타나 귀신을 쫓아내고, 병든 자를 고치며, 이적을 행하기도 한다는 소문이 들려왔다. 이에 그들은 함께 예수라 불리는 그 지도자를 만나러 가 보기로 하였다. 갈릴리 지역에 도착하여 그를 만나보니 과연 소문대로였다. 율법에도 해박함은 물론 그가 명령하면 귀신이 달아나고, 병자가 치유되었다. 그래서 이 분이야말로 이스라엘을 이방인의 압제에서 구해 주실 수 있는 인물이라 여기고 열심당원 활동을 중지한 채 예수를 추종하는 제자가 되기로 결심하고 그가 가는 모든 집회에 참여하기 시작했다. 이들의 열정을 귀히 본 예수는 이 둘을 자신의 제자로 받아들이게 되었다(마태복음 10:4).

그런데 언제부턴가 철썩 같이 믿고 따르고 있는 스승이 머지않아 이스라엘의 수도 예루살렘에서 대제사장과 서기관들에게 고난을 받은 후 죽게 된다는 말을 듣고서부터 가룟 유다의 마음이 흔들리기 시작했다(마태복음 16:21). 과연 이 분이 우리 백성을 로마 제국의 압제로부터 해방시켜 줄 메시아가 맞는가? 귀신을 제압하고, 병을 고치며, 기적을 불러일으켰던 유능한 지도자가 로마의 압제에서 자기 백성을 해방시키겠다는 야심에 찬 비전을 제시하기는커녕 왜 자꾸 자신의 죽음을 예고하고 있는 것인가? 그래서 유다는 어쩌면 예수가 자신들이 대망해 온 메시아가 아닐 수 있겠다는 생각을 하기 시작했다.

특히 최근 한 여인이 향유 옥합을 깨뜨려 예수의 머리에 부었던 사건에 대하여 예수가 보였던 반응은 도저히 이해가 안 되었다. 그때 예수의 머리에 부어진 향유의 가격은 노동자 1년 치 임금에 해당 할 만큼 값비싼 것이었다. 그렇게 귀한 향유를 허비하고 있는 모습을 보고 가룟 유다는 "그 향유를 팔면 시가 3천 만 원 정도의 거금이 될 터인데 이것을 팔아 차라리 가난한 사람들에게 나누어 주지 왜 공연히 허비하는가?"라며 나무랐지만 정작 예수는 제자들에게 "이 여자를 괴롭게 말아라. 저 여인은 내게 좋을 일을 하였느니라. 그녀가 내 장례를 준비한 것이야."라고 응수했던 것이다(마가복음 14:3~9).

유다는 예수가 또 다시 자신의 죽음을 언급하는 것도 마음에 들지 않았지만, 자신이 진정 민족의 지도자라면 나라의 희망찬 미래에 대하여 구체적인 비전과 행동계획을 제시해 주어야 하는데 비전은 고사하고 죽음이니 부활이니 하면서 뜬 구름 잡는 얘기만 늘어놓고 있는 것이 싫었다. 열두 제자의 활동비를 맡아 관리해 오던 유다가 이처럼 스승에게 서서히 마음이 떠나가던 이 시기는 그가 개인적인 일로 급전이 필요하여 공금을 얼마씩 횡령하기 시작했던 때였다. 그래서 향유를 부은 여인을 그렇게 나무란 것도 진실로 가난한 자를 생각해서가 아니라, 자신들에게 헌납했다면 많은 돈을 빼돌려 자신의 탐욕을 채울 수 있었을 것인데 그 기회가 상실된 데 따른 낙심어린 반응에 다름 아니었다.

　마침내 가롯 유다는 스승 예수의 곁을 떠나기로 결심을 하였다. 친구 가나나인 시몬은 계속 제자 모임에 남아있겠다고 했지만 자신은 도저히 자기 스승이 벌이고 있는 무력한 상황을 용납하며 지낼 수가 없었다. 불현듯 한 아이디어가 떠올랐다. 예수를 해칠 기회만을 노리고 있는 대제사장들에게 예수의 소재에 관한 정보를 넘기고 그 대가로 돈이나 챙겨야겠다는 생각이 든 것이다. 다음 날 다른 제자들 몰래 대제사장을 찾아가 말했다. "내가 예수와 가까이 지내는 사람인데 그를 넘겨주면 내게 돈

그림 9-1 예수의 체포를 돕는 가롯 유다

얼마를 주겠소?"하고 물으니 대제사장이 은 삼십을 건네주며 그를 체포할 수 있도록 도와 달라고 했다. 그러자 유다는 예수를 대제사장에게 넘겨 줄 가장 적합한 장소와 때를 파악하여 안내해 주기로 약속했다. 평소 그들이 자주 가는 장소를 알고 있었기 때문이었다. 이윽고 유월절 저녁 식사를 마친 예수와 그의 제자들은 감람산의 겟세마네 동산으로 자리를 옮겼다. 거기서 막 기도를 마치고 나오던 중 유다의 안내를 받고 나타난 대제사장과 무장한 군인들에 의해 예수는 마침내 체포되고 말았다.

불법적 종교재판을 통한 범행의 조작

체포된 예수는 그 해 이스라엘 대제사장 직을 맡고 있던 가야바 Caiaphas에게 끌려 가던 중 먼저 전직 대제사장이었던 안나Annas의 집으로 가서 그에게 먼저 보였다. 안나는 대제사장직에서 물러났긴 했지만 가야바의 장인이기도 하면서 여전히 종교적인 영향력을 발휘하고 있었다. 그는 예수가 제자들과 연합하여 소요사태를 일으키지나 않을지에 관한 염려가 많았기에 그가 가르친 교훈이 무엇이며 제자들은 무엇을 하고 있는지를 캐물었다. 예수와 그 제자들을 로마 정부의 통치에 반역하는 무리들로 몰아가기 위해 그 증거를 찾고자 하는 심산이었다. 그러자 예수는 자신의 가르침이 은밀한 것이 아니라 공개적인 것이었으니 그 가르침을 받은 자들에게 물어보면 그 실체를 알게 될 것이라고 당당히 말하였다. 이를 옆에서 듣고 있던 대제사장의 하인 한 명이 예수의 답변 태도를 문제 삼으며 뺨을 때렸다. 별다른 증거를 찾지 못하자 그를 다시 대제사장의 거처로 끌고 간 뒤 다시 한 번 가야바의 주도로 야간 재판이 진행되었다.

이 재판을 위해서 유대인들의 최고 재판기관인 산헤드린Sanhedrin 공회가3) 소집되자 여기에 소속된 대제사장들과 장로들과 서기관들이 모여들었다. 총 71명으로 구성된 이 공회는 모세의 율법과 장로들의 전승을 수호하기 위한 재판을 진행하면서 이를 어기는 자를 치리하는 권한도 가지고 있었는데 사형집행에 있어서만은 로마 정부의 승인을 얻어야 했다.4) 따라서 예수를 죽이기로 모의를 했던 종교권력자들은 어떻게 해서든 사형판결을 받기에 족한 증거를 찾고자 혈안이 되어 있었다. 하지만 예수가 반역죄를 저지른 죄인이라는 사실을 입증해 줄 증거와 증인이 부족하였다. 전도사역을 시작하던 초기에 예수가 "이 성전을 헐라. 내가 사흘 동안에 일으키리라(요한복음 2:19)"라고 언급했던 것을 어떤 사람이 법정 증언을 통해 문제 삼았지만 여기서의 성전은 예수의 몸을 의미하는 것으로서 사흘 후에 그의 죽었던 몸이 부활하게 될 것임을 예고하는 것이었기에 범죄 혐의와는 전혀 상관없는 것이었고 이에 대한 증인들의 진술도 일치하지 않았다. 결국 그들은 "네가 찬송 받을 자의 아들 그리스도냐?"라는 함정 질문을 통해 로마 법정에 고소할만한 근거를 찾고자 했다. 예수가 하나님의 아들이라고 고백한다면 이 세상 어떤 통치자도 그에게 굴복해야 하는 권위를 갖게 되는 만큼 이 진술은 로마 황제 가이사Caesar의 절대권력성을 부정하는 결과를 가져와 반역죄 혐의를 뒤집어씌울 수 있기 때문이었다. 결국 예수로부터 "네가 말하였느니라(마태복음 26:64)"라는 답변을 듣고 난 뒤에야 이 발언을 사형죄에 해당하는 반역죄의 근거로 삼아 로마 법정에 세우기로 작심하였다.

가야바에 의해 진행된 이 종교재판은 다음과 같은 몇 가지 측면에서 불법성을 드러내 보이고 있었다.5) 첫째, 유대인들의 소송법에 따르면 신성모독죄라든가 반역죄와 같은 중대범죄에 관련된 소송사건은 야간에 법정을 여는 것이 금지되었음에도 예수에 대한 재판은 한밤중에 시작하여 새벽까지 계속되었다. 야간재판은 은밀하고도 가혹한 심문으로 재판이 왜곡될 수 있기 때문에 불법적인 것이다. 둘째, 산헤드린 공회는 공회당에서 열려야 했음에도 대제사장 가야바의 집 뜰에서 열렸다. 대제사장 사저에서 재판을 진행하면 민중들의 방청권이 제약되어 재판의 객관성이 확보되기 어려워 재판의 공정성이 손상될 우려가 있는 것이다. 셋째, 예수의 진술을 지지해 주고 상대방의 주장에 대해 반론을 펼쳐 줄 변호인이 없었던 것은 물론, 그의 무죄를 옹호해 줄 유리한 증인이 있는지조차 묻지 않고 재판이 진행되었다. 피고인에게 유리한 증거에 대한 조사과정이 생략되었기에 불공정한 재판이 된 것이다. 넷째, 예수를 고발한 여러 증인들의 진술이 서로 일치 되지 않았음에도 그들의 진술이 단죄의 증거로 채택되었다. 이는 최소한 두 명의 진술이 일치해야만 유죄의 증거로 삼을 수 있다는 모세 율법에도 어긋나는 것이었다(신명기 17:6). 다섯째, 예수를 신성모독죄로 정죄한 근거가 빈약했다. "이후에 인자가 권능의 우편에 앉은 것과 하늘 구름을 타고 오는 것을 너희가 보리라(마태복음 26장 64절)"라는 예수의 미래적 선언이 신성모독죄임을 입증하려면 그의 신성을 부인할 수 있는 반대증거를 제시했어야 했지만 그러지 못했다.

재판진행의 탈법성과 여론에 떠밀린 사형 판결

마침내 예수는 로마 총독 빌라도Pilate가 거주하던 관정praetorium으로 인도되었다. 예수를 끌고 갔던 대제사장과 서기관 무리들은 그들 율법의 정결규례에 위배될 것을 염려하여 그 관정으로 들어가지 않은 채 관정 밖에서 빌라도에게 죄인을 끌고 왔다는 사실을 통지하였다. 빌라도가 사람들이 모여 있는 곳으로 나가 예수를 고소하는 이유를 물으니 이 자가 악행을 했다며 거짓말을 둘러댔다. 예수의 공생애에 어떠한 악행이 있었던가? 병자를 고치고, 귀신들린 자를 온전케 하였으며, 죄에 눌린 자를 자유케 하는 등 많은 선행으로 일관되어 있었음에도 이들의 완악한 마음은 예수를 제거하려는 마음으로 가득 차 있어서 이치에 닿지도 않은 말을 해대고 있었다. 너희 민족 중에 악행을 하는 자가 있으면 너희 법정에 세워 그 법대로 재판하라는 빌라도의 말에 "이 자가 우리 유대인의 왕이라고 하니 로마 황제 가이사에게 반역하는 것 아닙니까? 그를 반역죄로 다스려 주시오"라는 말을 듣고서야 다시 관정으로 돌아 온 빌라도가 예수를 바라보며 심문을 시작하였다.

빌라도의 첫 질문이 "네가 유대인의 왕이냐?"라고 한 것도 그를 고소한 무리들이 주장한 바와 같이 반역죄의 고의가 있는지를 파악해 보고

그림 9-2 재판을 받고 있는 가시관 쓴 예수

자 하는 것이었다. 그러나 예수는 자신이 말하는 왕권은 이 세상에 속한 것이 아님을 분명히 하였다. 결국 빌라도는 예수로부터 아무런 범죄혐의를 찾지 못해 예수를 놓아주려 하였으나 유대인들의 거센 저항에 부딪히게 되자 석방시키지 못하고 오히려 군사들을 시켜 채찍질을 하게 했다. 반역의 혐의를 찾지 못했다고 하면서도 왜 무고한 사람에 대하여 채찍질을 하게 했을까? 그것은 고소한 군중들의 징벌욕구를 충족시켜 더 이상의 요구를 하지 못하도록 할 속셈이었다. 이같이 처참한 채찍질을 통해 심문했어도 죄를 발견하지 못했다고 말하면 그 무리들의 분노감정이 해소되어 최소한 십자가형만큼은 면하게 해 줄 수 있으리라 기대했던 것이다. 그러나 그의 예상과 달리 예수를 처형하라는 민중의 목소리는 잦아들지 않았다. 게다가 자기를 왕이라 하는 자는 반역 죄인이므로 이런 자를 놓아주면 충신이 아니라고 부르짖는 소리에 정신이 번쩍 들었다. 이 사건에 관련된 소식이 로마 황제의 귀에 들어갔다가는 반역 죄인을 놓아주었다는 혐의를 받고 자칫 자신의 목이 달아날 수도 있겠다 싶었던 것이다. 결국 자신이 살기 위해서는 저들이 원하는 바대로 해주지 않으면 안 되겠다고 여겨지자 예수를 십자가에 못 박도록 사형언도를 내리고 말았다.

이와 같은 빌라도의 형사재판은 다음과 같은 이유에서 위법적이라고 할 수 있다. 첫째, 종교재판과 마찬가지로 사형을 받을 만한 뚜렷한 증거가 없었음에도 빌라도는 군중의 여론에 밀려 사형판결을 언도했다는 점이다. 예수가 죽음에 이를만한 죄를 짓지 않았다고 군중들에게 소리치면서 그의 죽음에 대하여 자신은 책임이 없다고 항변하였지만 십자가형에 대한 공식 선고는 자신의 입을 통해서 최종적으로 행해졌기에 이 위법한 재판의 최종 책임은 빌라도에게 있었던 것이다. 둘째, 분노한 대중의 징벌욕구를 충족시켜 줌과 동시에 동정여론을 조성할 목적으로 무죄한 예수를 채찍질을 하도록 명령한 불법이 있었다. 유죄가 입증되기 전까지는 어떠한 징벌이 가해져서는 안 됨에도 불구하고, 최종 선고판결이 있기 전에 고소한 대중의 환심을 사려고 법이 부여한 권한을 남용하여 피고인에 대한 폭행을 교사하는 위법을 저지른 것이다. 셋째, 군병들이 예수를 모욕하려고 가시 면류관과 자색 옷을 입힌 뒤 조롱하는 행태를 보이면, 재판을 지휘하는 재판장의 위치에 있는 빌라도가 이를 제지함으로써 아직 죄가 규명되지 않는 자가 최소한의 인간존엄성을 유지할 수 있도록 보호해 줄 책무가 있는데 이에 대한 아무런 조치를 취하지 않았음은 물론 그 상황에 있는 예수를 관정 밖으로 데리고 나가 군중들에게 보임으로써 예수에게 크나큰 모멸감을 안겨주는 불법을 자행하였다.

그림 9-3 빌라도의 심문을 받는 예수

정의의
궁극적 회복

십자가형을 통한 예수의 죽음도 국가의 불법재판을 통한 사법 살인에 해당한다. 예수의 무죄함을 확신한 빌라도는 자신의 권한으로 예수를 살리는 선택을 할 수도 있었지만 그리하지 못했다. 구속사적으로 볼 때 예수의 십자가 형벌은 불가피한 하나님의 섭리에 속한 것으로 볼 수 있겠지만 사법정의를 수호하려 하기보다는 자신의 직책에 대한 안위를 먼저 걱정했던 인간 빌라도에게서 그의 연약함과 심중에 깃들어 있는 인간의 죄성을 볼 수 있게 된다.

오늘날 세계 각국은 빌라도가 저질렀던 과오에서 보는 것처럼 유사한 불법재판으로 억울한 형사사법의 피해자가 양산되지 않도록 각종 법적 장치들을 두고 있다. 자백이 피고인의 유죄를 입증해 줄 유일한 증거일 때는 그 자백만으로 유죄선고를 못하게 하면서 반드시 여기에 그 자백을 뒷받침 해 줄만한 보강증거를 요구하는가 하면, 자백이 고문, 폭행, 협박, 회유 기타 구금의 부당한 장기화 등의 사유에 기인했다고 판단되면 그 자백을 유죄의 증거로 삼지 못하게 하고 있고, 위법한 법적 절차에 의해 수집된 증거는 아무리 증명력이 있는 증거라 할지라도 인권을 침해하는 행위를 원천적으로 차단하기 위해 그 증거를 법정에 현출시키지 못하도록 하고 있다. 아울러 재판도 오판의 가능성이 있으므로 삼심제도三審制度를 두어 하급심의 재판을 다시 정밀하게 검증할 수 있는 기회를 갖도록 하는가 하면, 최종판결이 난 재판이라도 특별한 사유가 있으면 다시 재심再審을 받도록 하여 그 억울함이 시정될 수 있는 기회를 부여하고 있다. 그러나 이러한 제도를 활용한다고 하여도 사법정의가 온전히 회복되지 않을 가능성이 있는 것이 사실이다. 결국 최종적이고 궁극적인 사법정의의 실현은 전지전능의 지혜로 우주만물을 섭리하고 운영하는 신에 의해서만 가능할 것이지만, 매 순간마다 온전한 사법정의를 지향하기 위해 주어진 상황 하에서 최선의 노력을 기울이는 것은 우리 인간의 몫이라 하겠다.

쉬어가기 우리 형사소송법은 피의자·피고인에 대한 인권침해를 예방하기 위하여 수사절차나 재판절차에 각종 법적 규제 장치를 두고 있다.

그 중 몇 가지를 살펴보면, 적법한 절차에 따르지 아니하고 수집한 증거는 증거로 할 수 없고(형사소송법 제308조의2), 고문과 폭행으로 자백을 받아낼 경우 그 자백은 유죄의 증거로 쓸 수 없으며(형사소송법 제309조), 피고인의 자백이 피고인에게 불이익한 유일한 증거일 때에는 이를 유죄의 증거로 하지 못하고(형사소송법 제310조), 검찰이나 경찰의 조사과정에서 작성된 피의자신문조서는 법정에서 피의자였던 피고인이 그 내용을 인정해야 증거로 인정될 수 있으며(형사소송법 제312조 제1항, 제3항), 1심 재판에 불복하는 자는 상소를 하도록 함으로써 오판을 시정할 기회를 주고 있다(형사소송법 제338조).

그러나 예수에 대한 빌라도의 재판은 그 유죄를 입증할 증거가 사실상 없었고, 증인의 증언내용이 서로 달랐으며, 예수가 유대인의 왕이라고 자백한 것도 종교적 진술에 기초한 것이지 로마 정부를 전복시키고자 하는 의도에서 한 것이 아님을 알았음에도 그 진술이 로마 황제에 대한 반역죄에 해당한다는 군중의 주장에 동조하여 채찍질로 고문하였음은 물론, 상소의 기회조차 부여하지 않고 사형집행을 명령한 것은 심각한 인권침해를 수반한 불법재판이었다고 볼 수 있다.

10

범죄피해자의 진정한 이웃
: 선한 사마리아 사람

"어떤 사마리아 사람은 여행하는 중 거기 이르러
그를 보고 불쌍히 여겨 가까이 가서 기름과
포도주를 그 상처에 붓고 싸매고 자기 짐승에 태워
주막으로 데리고 가서 돌보아 주니라"

(누가복음 10:33~34)

범죄피해의 원인과 대책을 연구하는 피해자학(victimology)은 본래 범죄학(crimi-nology)에서 분리되어 나온 학문이어서 두 학문은 긴밀하게 연결되어 있다. 그래서 피해자 입장에서 범죄피해를 결정 짓는 요소들은 범죄자 관점에서 바라보면 범죄의 실행을 용이하게 만드는 요소가 되기도 한다. 마치 동전의 양면과 같은 것이다.

그럼에도 불구하고 피해자학이 범죄학과 구별되는 점이 있다면 범죄학이 범죄원인의 분석과 그 예방을 위한 형사정책 수립에 주안점을 두고 있는데 비하여, 피해자학은 피해의 원인분석과 재피해자화의 방지, 그리고 피해의 회복을 통해 피해자의 삶의 질을 향상시키는데 그 초점을 두고 있다는 점일 것이다.

성경은 많은 사람들의 범죄 이야기를 담고 있지만 그에 못지않게 범죄로 인해 고통을 받고 있는 사람들의 신음 소리도 담고 있으며, 여기에서 한 걸음 더 나아가 그 고통의 치유와 회복에도 관심을 기울이고 있다. 본문에 소개되고 있는 '선한 사마리아 사람' 예화도 범죄로 인해 어려움을 겪고 있는 유대인 피해자에게 무조건적인 사랑과 친절을 베풀었던 한 사마리아인의 미담 이야기라고 할 수 있다.

예수는 우리에게 우리가 사랑해야 할 이웃이란 '사랑받을 자격이 있는 자'에만 국한되는 것이 아니라, 비록 그런 자격이 없더라도 우리의 작은 도움을 필요로 하는 사람, 인간존엄이 훼손될 처지에 놓여 있다가도 우리의 소박한 친절로 말미암아 일상의 평온한 삶으로 되돌아 갈 동력을 얻을 수 있는 사람들이 바로 우리의 이웃이라고 말하면서 그 이웃들에게 구체적 실천행동을 펼쳐 보이라고 주문하고 있다.

여행 중에
강도 만난 사람

　　예루살렘에 거주하는 한 유대인 남자가 여리고Jerico를 향해 나 있는 골짜기를 따라 낙타를 탄 채 길을 가고 있었다. 그는 여리고 지역으로 들어오는 물건을 저렴한 가격에 사들인 후 예루살렘에 가져다가 되팔아 그 이윤으로 생계를 이어가는 사람이었다. 며칠 전 여리고에서 사왔던 향유를 비롯한 몇 가지 상품들이 모두 팔려버리자 그 다음 날 아침 새 물품 구입을 위해 길을 나선 것이었다.

　　예루살렘 북동쪽에 위치한 여리고는 지중해 해면보다 250m가 낮은 반면, 예루살렘은 해발 750m에 위치하고 있기에 두 지역의 고저 차이는

그림 10-1 예루살렘에서 여리고로 이어지는 '선한 사마리아인의 길'

무려 1,000m나 된다. 그러므로 예루살렘에서 여리고로 내려가는 길은 협곡을 지나가야 하는 깊은 골짜기 아래쪽으로 난 길로서 그 길이가 무려 27km를 넘기에 결코 여행하기에 만만한 여정이 아니었다.[1]

위를 쳐다보면 좌우로 200m 이상의 깎아 지른 절벽이 길게 위치해 있고 그 아래로 난 길이었으니 고대 통일 이스라엘 왕국을 다스렸던 다윗이 그가 지었던 시 구절 속에 '사망의 음침한 골짜기(시편 23:4)'라는 표현을 사용했던 것도 필경 이런 음습한 길을 걸어보았던 그의 경험에서 비롯되었을 것이다. 낙타를 타고 시속 8km의 속도로 이동을 한다고 해도 예루살렘에서 여리고까지는 3시간은 족히 가야 하는 거리이다. 아침을 먹고 출발하여 쉬엄쉬엄 가다 보면 거의 점심 무렵이 되어서야 목적지에 당도하게 될 것이다.

A.D.30년경 예수가 활동하던 이 시기는 이스라엘이 로마정부의 식민 지배를 받던 때로서 헤롯 왕처럼 로마로부터 통치를 위탁받았던 상위 권력층이라든지, 조상으로부터 상당한 가업을 이어받아 왔던 지주들, 그리고 이스라엘 백성들을 종교적으로 통치하고 있었던 제사장이나 율법학자와 같은 종교귀족들은 살아가는데 아무런 지장이 없었다. 하지만 생존기반이 취약한 일반 백성들은 하루하루 생계를 걱정하며 살아가는 사람들이 많았다. 이들 중에는 로마의 지배에 저항하며 독립투쟁을 벌이겠다고 열심당원Zealot이 된 사람들도 있었지만 일부는 도적떼가 되었다. 굶어 죽느니 타인의 재물을 강탈하여 살아가자는 부류였는데 이들 중 일부가 자주 활동하던 지역이 바로 예루살렘에서 여리고로 이어지는 협곡 길이었다. 워낙 후미진 여행길이다 보니 로마정부의 치안력이 미치지 못한 곳이었기 때문에 이 도적들이 그 점을 노리고 여행객들을 괴롭히곤 하였다. 그래서 보통 이 협곡을 따라 여리고에 가려면 같이 여행할 수 있는

일행을 찾아 그들과 함께 가는 것이 그나마 안전한 방책이 될 수 있었다.

하지만 물품을 사기 위해 여리고로 향하고 있는 이 유대인은 일행을 구할 만한 심적 여유가 없었다. 지난번에도 홀로 다녀왔지만 큰 문제가 없었고 오늘도 서둘러 걸음을 재촉하면 해가 떨어지기 전까지는 예루살렘에 재빨리 돌아올 수 있다는 확신이 있었던 것이다. 그래서 낙타의 발걸음을 재촉하며 두 시간 여를 쉴 틈이 없이 앞으로 나아갔다. 그날따라 날씨가 더웠는데 설상가상으로 햇빛조차 강렬해지기 시작하였다. 여리고 지역은 물이 제법 풍성한 오아시스가 있어서 종려나무를 비롯한 식물들이 여기저기 그늘을 만들어 주고 있었지만, 그가 걷고 있는 이 골짜기는 대부분 암반들로 구성이 된 데다가 드문드문 잡목이 있을 뿐이어서 그늘진 암벽 밑 말고는 강렬한 햇빛을 피할 곳이 적었다.

모퉁이를 돌아서니 큰 바위와 작은 식물들이 그나마 그늘을 만들어 주고 있어 이곳에서 잠시 휴식을 취해야겠다 생각하고 낙타 등에서 내렸다. 잠시 앉아서 쉬고 있던 중 멀리서 자기 쪽으로 접근하고 있는 대 여섯 명의 무리들이 보였다. 아마도 여리고에서 자기처럼 물품을 사가지고 예루살렘으로 향해 가고 있는 상인들이리라 생각하며 주변을 둘러보았다. 일전에 여리고를 오갈 때는 통행하는 사람들이 여기저기 제법 있었던 까닭에 혼자 여행을 했었음에도 별다른 느낌이 없었는데 오늘은 왠지 적막감이 감돌았다. 그러자 갑자기 이쪽으로 다가오고 있는 이들이 무서워졌다. 혹시 도적떼는 아닐까? 황급히 짐을 챙기기 시작했다. 그러나 어찌할 것인가? 거의 여리고에 다 와 가는데 오던 길을 다시 갈 수는 없는 노릇이었고, 설령 반대 방향으로 도망가더라도 저들의 걸음걸이로 보아 금방 자기를 따라잡을 것이다. 결국 운명에 맡길 수밖에 없다는 생각이 들었다. 돈다발을 옷 안쪽 허리춤에 깊숙이 숨기고 혁대를 졸라맨 후 바위 안쪽으로 깊숙이 몸을 밀착시킨 채 그들이 지나가는 것을 조심스럽게 지켜보기로 했다.

아니나 다를까 얼마 지나지 않아 그의 눈앞에 나타난 무리들은 이 일대를 휘젓고 돌아다니며 강도짓을 일삼는 도적떼들이었다. 여행객들이 많을 때는 주변에 숨어 있다가도 통행객이 적은 한적한 때 출몰하여 금품을 빼앗는 짓을 자행하는 강도집단이었던 것이다. 순간적으로 이 여행길을 너무 만만하게 보았던 자기 자신이 후회스러웠다. 그러나 이미 때는 늦었다. 덩치가 큰 사내 한 명이 낙타에서 내려 다가오더니 다짜고짜 둔기로 머리와 얼굴을 내리쳤다. 순간 정신을 잃어버리고 말았다. 얼마쯤 시간이 지나 눈을 떠 보니 몸이 말을 듣지 않았다. 머리의 상처와 입 안의 부러진 이빨 사이에서 피가 흘러나오고 있다는 것을 느꼈으나 손과 발을 움직이기가 어려웠고 의식은 있는 것 같으나 말이 나오질 않았다. 그 도적떼들은 이미 사라지고 없었다. 허리춤에 단단히 매여 놓았던 돈주머니와 타고 왔던 낙타는 온데간데 없이 사라졌고, 겉옷마저 벗겨 가버려 알거지가 되어 있었다. 이제 여기서 꼼짝없이 죽었구나 싶었다.

한 시간쯤 흘렀을까 가까이서 인기척이 느껴졌다. 여리고에서 진행될 종교행사에 참여하고자 부지런히 길을 가던 한 제사장이 길을 가다가 피를 흘리고 길가에 쓰러져 있는 자기를 발견하고 다가온 것이다. 당시 제사장은 이스라엘의 종교문화적 배경에서 살펴볼 때 사회지도층에 속하는 인사였다. 신이 정한 계율을 범한 백성들이 그 죄를 용서받고 다시 새로운 삶을 살 수 있도록 중재하는 역할을 하였기에 고통당하는 백성들의 아픔에 민감해야 할 사람이 바로 그들이었다. 졸지에 강도를 만나 죽을 위기에 처했던 그 유대인은 이제 살았다 싶었다. 어쩌다 이렇게 되었는지 자초지종을 다 얘기해 주고 도움을 청해야겠다 생각했다. 하지만 그의 혀는 얼어붙은 채 꼼짝도 하지 않았다. 아무런 말도 못하고 눈만 깜박 거리고 있는 사이 자기를 물끄러미 쳐다만 보다가 제사장은 못 볼 것을 보았다는 듯이 그만 제 갈 길을 가버리고 말았다. 아무리 마음속으로 살려달라 외쳐댔지만 헛수고였다.

천만 다행히도 얼마 지나지 않아 다른 한 사람이 갈 길을 멈추고 다시 자기 있는 쪽으로 다가왔다. 그는 앞서갔던 제사장을 도우며 성전 일을 위해 봉사도 하는 레위인이었다. 제사장 직무보조와 성전 봉사직은 특정 족속만이 할 수 있는 거룩한 일에 속했으므로 이 레위인 또한 제사 장처럼 일반 백성들의 어려운 형편을 보면 보살펴 줄 도덕적 의무가 있는 사람이었다. 하지만 이 레위인마저도 쓰러진 유대인을 잠시 쳐다보다가 골치 아픈 일에 말려들기 싫다는 듯이 황급히 그 자리를 떠나 시야에서 점점 사라져갔다. 순간 절망감이 몰려왔다. 누구보다 자신을 잘 보살펴줄 것 같았던 사람들마저 자신을 외면한다면 더 이상의 희망은 없다는 생각이 들었다.

피를 너무 많이 흘렸는지 이제 시야도 흐릿해져 갔다. 자포자기의 심정으로 이제 죽기만을 기다리고 있을 무렵 다시 사람의 인기척이 느껴졌다. 있는 힘을 다해 정신을 차린 후 눈을 떠보니 자기 동족 유대인이 아니라 틀림없는 사마리아 사람이었다. 흐릿한 의식 속에서도 탄식이 절로 나왔다. 하필 이 시기에 자기가 싫어하는 사마리아인Samaritan이라니! 과거 솔로몬 왕이 죽은 후 통일왕국이 남북으로 분열되자 남쪽 유다 왕국을 대적하기 위해 북쪽에는 여로보암Jeroboam이 이끄는 새로운 이스라엘 왕국이 세워졌다. 그의 후예였던 오므리 왕이 세웠던 도시가 사마리아였는데, 이후 B.C.722년경 앗수르Assyria에 의해 사마리아가 함락되자 앗수르는 사마리아 거주민들을 포로삼아 자기 영토로 이주시키는 한편,

타 지역 종족들을 사마리아로 강제로 끌고 와 거주시킴으로써 많은 혼혈
인이 생겨나게 되었다. 이때부터 정통 유대인들은 신앙과 혈통의 순수성
을 상실한 이 지역 사람들을 '사마리아인'이라 부르며 경멸에 찬 눈으로
바라보고 상종을 하지 않으려 했던 것이다.

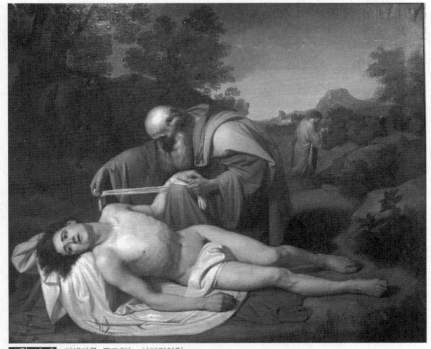

그림 10-2 피해자를 구조하는 사마리아인

   그런데 뜻밖의 일이 벌어졌다. 가까이 다가왔던 그 사마리아인이 쓰
러져 있는 유대인 몸에 낭자하게 흐르고 있던 피를 닦아내고 있는 것이
아닌가! 혼미한 정신 속에서도 어리둥절해 하고 있을 때, 그는 자기 짐에
있는 포도주를 꺼내 유대인의 환부를 소독해 주기도 하고, 깊은 상처에
기름을 발라주면서 통증을 줄여주기까지 하였다. 그 일을 마치기가 무섭

게 몸을 가누지 못하고 있는 그를 부축하여 낙타에 태우더니 여리고 인근 가장 가까이에 있는 주막으로 가 주인에게 수중에 있는 돈을 주면서 간호를 부탁하고 사라져갔다. 간호 비용이 더 들면 나중에 다시 돌아올 때 갚겠노라는 말을 남긴 채...

누가 강도 만난 자를 도와 줄 이웃인가?

　　성경 누가복음 10장에 등장하는 이 선한 사마리아인의 비유는 학식이 풍부한 어떤 율법사가 예수에게 다가가 영생을 얻는 길을 묻는 질문 가운데 등장한 가상의 스토리였다. 하지만 예수는 이 비유를 통해서 '이웃을 사랑하라'라는 하나님의 명령을 지식적으로는 잘 알고 있으면서도, 이를 직접 실천하지 않고 '머리 지식'으로만 살아가고 있는 한 종교지도자를 깨우치기 위한 의도를 갖고 있었다. 영생을 얻기 위해서는 하나님 사랑과 이웃 사랑을 몸소 실천해야 한다는 예수의 지적이 있자, 율법준수의 전통을 충실히 지키며 살아가기 위해 노력하던 율법사는 하나님 사랑에는 어느 정도 자신이 있다고 여겼지만, 이웃을 자기 몸처럼 사랑하라는 명령에 있어서는 왠지 걸리는 구석이 있었다. 자기 가족과 친지를 비롯해 자기와 친분이 있는 지인들에게 어려운 일이 생기면 그래도 잘 돕는 편이었으나, 율법을 제대로 준수하지 않으며 자기 멋대로 사는 사람들에 대해서는 평소 탐탁하게 생각지 않았던 터라 그들이 곤경에 처해도 마땅히 죄의 대가를 받는 거라며 외면한 적이 많았기 때문이다. 그래서 예수로부터 '사랑받을 자격이 있는 이웃'에 대하여는 자기 자신도 사랑을 실천하며 살아왔다는 것을 당당히 밝힘으로써 자신의 정당성을 확인받고 싶었던 것이다. 그래서 예수에게 던진 추가 질문이 "그럼 내 이웃이 누구입니까?"라는 질문이었다.

결국 예수의 답변은 그의 고정관념을 뛰어넘는 것이었다. 사마리아 인의 비유를 통해 드러난 '사랑을 나누어야 할 이웃관계'는 돌봐 줄 법적·종교적 의무가 있는 자(출애굽기 22:25, 신명기 22:1.4, 24:12~13)라든가 '친밀한 관계에 있는 지인' 사이에만 성립되는 것이 아니라, 법적·종교적 의무가 발동될 필요가 전혀 없는 낯선 관계라 할지라도 인간존엄이 파괴될 위기에 처한 자가 작은 도움을 얻어 그 위기를 탈출할 수 있을 때, 그 위기탈출을 도울 수 있는 상황에 놓여 있는 자에게 그러한 '사랑의 이웃관계'가 성립될 수 있다는 것을 보여 준 것이다.

우리 주위에는 사회구성원들의 관심과 배려가 필요한 자들이 많이 있다. 범죄피해자를 포함하여 노약자, 장애인, 아동, 외국인 등이 그러한 부류에 속하는바 이들은 사회적으로 취약한 인권상황에 있기에 누군가의 도움이 긴요한 자들이다. 이 중에서도 범죄피해자는 범죄로 말미암아 인권이 침해된 자, 곧 인간의 존엄과 가치가 훼손된 자들로서 범죄피해 유형에 따라서는 국가기관이나 전문가들이 신속히 개입해 주지 않으면 안 되는 위기상황에 처한 우리의 이웃들이라고 볼 수 있다.[2]

예수의 발언을 현대적 관점에서 다시 바라볼 때 오늘날 범죄피해자의 인권을 보호해 줄 수 있는 이웃은 누가 될 것인가?[3] 그것은 우선적으로 피해자와 가까이서 사회적 관계를 맺고 있는 사람들이 먼저 피해자의 이웃이 되어야 한다. 범죄피해를 당한 자는 근거 없는 비방으로 사회적으로 고립되기 쉬우며 무너진 자아상으로 인해 주변사람들과 친화하기 어려울 수 있다. 그 때문에 그가 정상적인 사회생활로 복귀하기까지 가정에서, 직장에서, 학교에서 관계를 맺고 있는 사람들은 피해자들을 인내심을 가지고 격려해주고 심리적 지지를 보내주는 든든한 이웃이되어야 하는 것이다. 그 다음 이웃이 되어야 할 주체는 범죄피해자에 대한 인권보호를 법적 의무로 이행해야 하는 국가 및 지방자치단체 공무원들이나, 범죄피해자의 피해회복을 도울 수 있는 법률·의료·심리 전문가들이 될 것이다. 그들은 자신들이 사용할 수 있는 공적 자산과 전문적 지식으로 피해자를 보다 용이하게 도울 수 있기 때문이다.[4] 하지만 사마리아인의 비유에서 보는 것처럼 상호 간에 아무런 관계가 없었던 자라 할지라도 피해자가 도움을 받아야 할 긴급한 상황에 놓여 있음을 인지한다면 누구든지 기꺼이 원조의 손길을 내미는 이웃이 되어 주어야 할 것이다.

성경에 나타난 범죄피해자 보호의 핵심원리

앞서 살펴 본 성경 누가복음 10장의 '선한 사마리아인의 비유'에는 오늘날에도 적용이 가능한 몇 가지 범죄피해자 보호의 원리들이 담겨 있기에 그것들을 차례대로 언급해 보고자 한다.

첫째, 피해자에 대한 공감의 원리이다. 동족인 유대인이 강도에게 폭행을 당하여 거의 죽게 되어 길가에 버려져 있는데도 불구하고 그 사회의 지도적 위치에 있었던 제사장과 레위인이 아무런 초기 대응과 후속 조치를 하지 않은 행위는 율법의 형식은 지키면서도 정의justice와 자비mercy와 신실함faithfulness을 저버린 행위이며, 하나님이 명하신 사랑의 실천을 소홀히 한 행위로서(이사야 29:13, 마태복음 15:8, 마태복음 23:23), 사람의 고통에 대한 공감능력이 낮은데 기인한 행위로 생각된다. 반면 사마리아 사람은 달랐다. 그에게는 사람을 불쌍히 여기는 마음, 곧 공감능력이 있었다. 그 공감능력의 근원에는 '인간존중'과 '인간존엄성'에 대한 철학이 자리하고 있다고 볼 수 있다. 그것은 곧 하나님이 명하신 이웃사랑의 정신과도 연결된다. 범죄로 인해 재물을 강탈당하며 폭행당하는 것은 인간의 존엄성과 행복추구권이 침해되고 사람답게 살 권리가 짓밟힌 것을 의미한다. 그렇기에 범죄 피해자에게 도움의 손길을 내민다는 것은 파괴된 인간존엄의 현실을 원상회복시키겠다고 하는 열정이 담겨있는 것으로서 인간이 하나님의 형상을 닮은 존재로 복되게 살아가기를 바라는 하나님의 마음에 부응하는 것이 된다. 타인의 고통에 대한 공감은 하나님의 마음에 대한 공감이기도 한 것이다.[5]

둘째, 공식적 초기대응 활성화의 원리이다. 제사장과 레위인은 공동체 사회의 지도적 지위에 있는 사람들이었다. 그들은 여리고에서 처리할 공적 업무로 인해 바빠서 강도만난 사람을 지나쳤을 수도 있다. 한 개인의 이익을 희생시키는 대신 여리고에서 자기를 기다리고 있는 다수의 공동체 이익보호를 우선시 했기에 내린 결정이었다면 법리적으로나 사회윤리적으로 잘못된 것이 아닌 것이다. 그러나 공동체 이익보호를 위해 한 개인이 가진 인권의 본질적인 내용을 희생시킬 수는 없다(헌법 제37조). 인권의 본질적인 내용으로는 '인간의 존엄과 가치의 보장'이 대표적이다. 따라서 공동체 구성원 중 한 명의 인간존엄이 심각하게 위협받는 상황에서는 적어도 이에 필적하거나 이보다 더 심각한 위기상황을 타개하기 위한 것이 아니라면 위의 강도 만난 자가 당하고 있는 생명에 대한 위협요인을 제거하는 것보다 더 급박한 공적 업무는 없다고 보아야 할 것이다.[6]

설령 공적 업무와 상관없이 지나가던 길이라 할지라도 죽은 시체에 접근하면 부정을 입게 되는 규례(레위기 21:1)가 있기에 그 규범을 준수하고자 그 유대인을 피해 갔다면 그것도 일종의 '권위權威에 근거한 공감실패'일 수도 있다.[7] 그러나 구약의 율법이 주어진 것은 하나님의 거룩함을 좇아가도록 하기 위해서였고(레위기 11:44), 궁극적으로는 하나님을 경외하고 이웃을 사랑하는 삶(레위기 19:18)으로 이끌어 가기 위함이었다고 할 수 있다. 그들이 진정 거룩한 하나님을 경외하였다면 '네 이웃을 네 몸과 같이 사랑하라'는 하나님의 말씀에 순종하여 강도 만난 자에 대한 관심과 사랑의 실천행동을 보였을 것이다. 하나님은 제사보다는 인애仁愛, mercy를 더 원하시기 때문이다(호세아 6:6).[8]

셋째, 비공식 대응의 활성화 원리이다. 사마리아인은 유대인을 보호할 아무런 법적·종교적 의무가 없는 일반 사인이었음에도 불구하고 자발적으로 자신이 가지고 있는 여러 자원을 활용하여 피해자 보호에 적극 나섬으로써 귀중한 한 생명을 구하였다. 국가기관의 법적 대응이 공식대응이라고 한다면 이러한 일반 시민의 대응은 비공식 대응이라 할 수 있을 것이다. 범죄피해자 보호의 책무는 국가나 지방자치단체와 같은 공공기관이 다 감당할 수 없다. 피해자보호의 사각지대를 없애기 위해서라도 시민의 자발적 협력과 지원이 매우 긴요하다. 그러므로 일반 시민들도 자기가 가지고 있는 전문지식과 재능, 경제적 자산을 활용하여 범죄피해자 보호활동에 자원하여 적극 나서게 된다면 범죄피해자 보호는 더욱 충실해질 수 있는 것이다.[9]

비유 속 사마리아인의 피해자에 대한 대응행태를 보면 그가 가졌던 고유의 공감능력 외에도 피해자 보호정책적 측면에서 볼 때 여러 가지 시사점을 배울 수 있다. 먼저, 그 사마리아인은 범죄피해자의 생명을 구하기 위하여 응급구호조치를 단행하는 지혜가 있었다. 생명에 위협이 될 수 있는 수준의 범죄피해를 당한 자에게 가장 필요한 것은 응급구호이다. 그는 피해자에게 다가가서 기름과 포도주를 그 상처에 부어 소독을 한 다음 이를 싸맴으로써 지혈을 하였고[10] 안정을 취할 수 있도록 인근 주막으로 이송을 한 후 일정시간을 돌봐 주었다. 이러한 범죄피해자에 대한 의료적 응급지원은 현대사회의 피해자 지원행정 중에서도 매우 중요한 부분의 하나이다. 아울러 그는 피해자에게 경제적 지원까지 수행했다. '이튿날에 데나리온 둘을 내어 주막 주인에게 주며 가로되 이 사람을 돌보아주라 추가비용이 들면 내가 돌아올 때에 갚으리라(누가복음 10:35)'라고 말한다. 두 데나리온은 환자를 여러 날 돌볼 수 있는 금액으로서,11) 주막 주인에게 환자를 보살펴달라는 부탁과 함께 위의 응급치료비까지 지불하는 친절을 베푼다. 나중에 발생할 수도 있는 치료비조차 지불해 주겠노라고 약속을 하는 그의 모습 속에서 따뜻한 인간애가 물씬 풍겨 난다.12)

그림 10-3 주막에 피해자를 맡기는 사마리아인

　　우리나라 범죄피해자 보호법 제2조는 모든 범죄피해자들이 인간의 존엄성을 보장받을 권리가 있으며, 그들의 명예와 사생활의 평온이 보장되어야 하고, 진행되는 제반 형사절차에 참여할 권리도 가지고 있음을 규정하고 있다. 하지만 우리 현실을 들여다보면 피해자 보호정책이 아직은 충분히 성숙한 단계에 이르지 못하고 있다.

물론 과거와 비교해 볼 때 2007년 이후 형사소송법 개정을 통한 피해자 권리가 확대되고 있으며, 피해자 지원단체 증설을 통해 피해자에 대한 심리적 지원과 위기개입 횟수가 늘어나고 있고, 피해자에 대한 물질적 지원도 확충되는 등 여러 가지 측면에서 피해자 보호정책이 발전하고 있는 것이 사실이다. 특히 2008년에 입법하여 시행에 들어간 '응급의료에 관한 법률' 제5조의2는 착한 사마리아인의 정신을 반영한 법의 일종으로서 '응급처치를 하다 본의 아닌 과실로 인해 환자를 사망에 이르게 했거나 손해를 입히더라도 민형사책임을 감면한다'는 규정을 둠으로써 선의의 행동을 장려하는 법적 조치도 취한 바 있다.

하지만, 아직도 범죄신고에 대한 공무원의 부실대응으로 피해자들의 범죄피해 상황이 악화되는 사례가 발생하고 있고, 수사절차에서는 피해자의 고통에 제대로 공감하지 못한 탓에 2차 피해가 야기되는 사례가 언론에 보도되는가 하면, 법정에서는 피해자를 범죄사실 증명에 기여하는 일종의 수단적 존재로 취급하는 관행이 이어지고 있다.

결국 범죄피해자 보호정책이 한 단계 더 발전해 나가기 위해서는 선한 사마리아인의 비유를 통해 보았듯이 시민들 모두가 피해자의 고통에 대한 공감할 수 있는 능력을 갖출 수 있도록 사회교육을 강화해 나갈 필요가 있고, 범죄피해 초기단계의 위기상황에 신속히 대응을 할 수 있는 사회안전망이 구축되어야 하며, 피해자의 삶의 질이 피해 전 수준으로 회복될 수 있도록 심리적·경제적·사회적 지원이 충분히 이뤄져야 한다. 더 나아가 형사절차에서도 피해자가 권리의 주체로서 활동할 수 있도록 그 법적 지위 또한 충분히 보장해 주어야 할 것이다.

11

부주의에 의한 살인
: 도피성을 찾은 청년

"부지중에 실수로 사람을 죽인 자를 그리로 도망하게 하라. 이는 너희를 위해 피의 보복자를 피할 곳이니라. 이 성읍들 중의 하나에 도피하는 자는 그 성읍에 들어가는 문 어귀에 서서 그 성읍의 장로들의 귀에 자기의 사건을 말할 것이요, 그들은 그를 성읍에 받아들여 한 곳을 주어 자기들 중에 거주하게 하고 피의 보복자가 그의 뒤를 따라온다 할지라도 그들은 그 살인자를 그의 손에 내주지 말지니 이는 본래 미워함이 없이 부지중에 그의 이웃을 죽였음이라."

(여호수아 20:3-5).

사람이 살다보면 뜻하지 않게 다른 사람에게 피해를 주는 일이 발생할 수 있다. 일반 평균인의 입장에서 마땅히 기울여야 할 주의의무를 다 하지 못해 타인에게 손해를 가하게 되면 민사적 분쟁이 되어 피해자가 입은 손해를 배상하는 절차를 밟게 될 것이다. 하지만 그 피해가 사람의 생명권이나 신체의 건강성을 침해하는 수준으로 나가게 되면 민사상 손해배상을 넘어 형사처벌의 단계로까지 나아가게 된다.

형법은 원칙적으로 고의범을 처벌하고 있고, 주의의무를 위반한 과실범에 대하여는 예외적으로 처벌하고 있다. 이는 과실범의 불법성이 고의범의 불법성보다 약하기 때문이다. 그럼에도 불구하고 과실범과 고의범을 동등한 수준의 형벌로 처벌하게 된다면 그것은 정의관념에 반한 것이 될 것이다. 구약성경에 나오는 도피성 제도는 바로 과실치사의 죄를 범한 자를 고의적인 살인범과 동등하게 처벌하는 폐단을 방지하기 위해 마련된 제도였다.

그러나 고의적 살인범이 과실치사범을 가장하여 도피성에 숨어들 가능성도 배제할 수 없는 것이었기에 도피성 제도에는 행위자의 과실 주장이 진정성이 있는 것인지를 심사할 수 있는 절차도 마련해 두고 있었다. 이 외에도 도피성은 도피자로 하여금 형벌적 책임을 상쇄시키는 속죄의 기능과 함께 갱생과 재활 및 낙인방지의 기능도 아울러 가지고 있었음을 주지할 필요가 있다.

작업현장에서 발생한 사망사고

그림 11-1 돌무화과나무

때는 B.C.1395년경 이스라엘 민족 지도자 여호수아가 리더십을 발휘하여 백성들을 가나안 땅으로 인도한 후 12지파가 거주할 땅을 분배하고서 얼마 지나지 않은 시기였다. 베냐민 지파 관할 아래 있었던 여리고 지역에서는 그곳 장로들이 주축이 되어 성읍 정비를 위한 회의가 땅 분배 초기에 개최된 바 있었는데 거기서 회중들이 운집할 수 있는 광장을 정비하자는 의견이 나와 대대적으로 공사가 진행되고 있었다. 이 공사를 위해 각 가정마다 건장한 청장년을 1명씩 차출하여 작업이 최종 마무리될 때까지 노역의 의무를 부담하기로 서로 약속이 되어 있었다. 광장의 토대가 될 지역을 평지로 조성하기 위해 높은 곳을 파내거나 낮은 곳을 메우는 작업, 벽돌을 만들어 주변 성벽을 쌓아 올리는 축성작업, 그리고 대중의 회집을 방해하고 시야를 가리는 나무들을 제거하는 작업 등 다양한 형태로 일이 전개되고 있었던 것이다.

그 중에서 제법 건장한 청장년 몇 사람은 성읍 광장 주변 무질서하게 자라난 돌무화과나무들을 솎아 내는 작업을 하게 되었다. 옛날이나 지금이나 여리고에는 야생 무화과나무가 많다. 돌무화과나무라고도 부르는 이 식물은 무화과나무와 비슷하게는 생겼으나 열매가 작고 딱딱할뿐더러 즙도 적고 단맛도 부족하여 사람들에게 그다지 인기가 없으나 이 나무가 오래되면 키가 10미터까지 거대하게 자라고 둘레도 제법 두꺼워져 집을 짓는 목재로 쓰거나 가구제작용 재료로 쓰이기도 한다.[1] 아무튼 이 나무들의 군락이 사람들의 통행을 방해하고 시야를 가리기 때문에 이를 제거하는 작업이 시작된 것이다.

이 작업을 하던 사람 가운데 병환 중에 있는 홀어머니를 모시고 사는 청년이 있었다. 효성이 지극했던 그는 요단강 동편 모압 평지에 머물렀을 때는 물론이고 요단강을 건너 여리고 성읍에 이르기까지 모든 여정에서 모친에 대한 간호의 손길을 멈추지 않았다. 그날도 아침에 조반을 차려드리고 작업 현장에 나왔지만 최근 어머니의 건강이 날로 악화되어 가던 탓에 마음은 집에 가 있었다. 자신에게 맡겨진 일을 빨리 해 치우고 집으로 가 봐야겠다는 생각으로 가득 차 있었던 것이다. 귀갓길에는 성읍 주변에서 병환을 다스릴 약초도 구해 봐야겠다며 이런 저런 궁리를 하면서 도끼를 내리치던 순간, 아뿔싸! 돌무화과나무에 도끼날이 빗맞으면서 그만 손잡이를 놓치고 말았다. 손을 벗어난 도끼가 옆에 있는 나무를 맞고 튕겨 나가더니 바로 좌측 앞에서 작업하던 다른 동료의 뒤통수를 때리고 땅바닥에 내동댕이쳐졌다. "으악~!"하고 소리치며 쓰러진 젊은이의 외마디 비명소리에 놀라 동료들이 주변에 몰려들었다. 쓰러진 청년의 함몰된 두개골에서 붉은 피가 하염없이 흐르더니 이내 눈의 초점이 흐려지다가 마침내 숨이 끊어지고 말았다.

숨진 청년은 삼 형제 중 막내였는데 그 부친은 물론 두 형들도 체격이 모두 건장한 데다가 성격도 제법 거칠어서 주변 사람들 어느 누구도 함부로 하지 못하는 집안이었다. 만일 그 청년이 죽었다는 소식을 아버지와 형들이 듣게 된다면 그냥 쉽사리 넘어가지 않으리라는 것을 이웃에 사는 주민들이면 누구나 다 알고 있었다. 눈 깜짝할 사이에 벌어진 이 일로 인해 청년은 몸을 부들부들 떨면서 얼굴이 새파랗게 질린 채 그만 그 자리에 털썩 주저앉고 말았다. 그가 망연자실하여 어찌 할꼬 탄식만 하고 있던 사이 그 옆으로 한 사람이 다가왔다. 바로 청년의 뒤쪽에서 작업을 하고 있던, 나이가 제법 지긋한 사람이었다. "자네의 실수로 이 일이 벌어진 것을 내가 뒤에서 똑똑히 보았네. 이 죽은 젊은이 가족들이 오기 전에 얼른 일어나 세겜에 있는 도피성으로 가서 일단 몸을 피하게나. 그래야 자네 목숨을 건질 수 있네. 서두르게!" 그제서야 정신이 좀 들었다. 그렇다. 여기 가만히 있다가는 저 죽은 청년의 가족에게 어쩌면 자세한 사정을 설명도 못해보고 바로 죽임을 당할 수도 있을 것이다.

생각이 거기에까지 미치자 벌떡 일어나 세겜 땅에 있는 도피성을 향해 냅다 달리기 시작했다. 얼마나 시간이 흘렀을까. 달리다가 지치면 걷고, 걷다가 다시 달리기를 반복하면서 한참을 가다보니 멀리 세겜 성읍이 보였다. 발걸음을 재촉하여 마침내 성문 앞에 이르니 거기 앉아 있던 장로들이 자초지종을 묻는다. 사연을 다 들은 장로들은 이 사람 진술이 진실임을 입증해 줄 증인이 나타날 때를 기다려 회중 재판을 다시 열기로 하고, 일단 성읍 안으로 이 청년을 들여보내기로 하자 비로소 청년은 안도의 한숨을 쉬었다. 홀로 계신 어머님을 돌보아야 하는 문제로 걱정은 되었지만 이러한 어려움은 세겜 성읍 장로들에게 호소하여 해결책을 찾아보리라 마음먹었다. 일단 죽임당할 위험을 피할 수 있었다는 것만으로도 감사할 따름이었다.

과잉 보복행위로부터의 보호

구약성경에 나오는 도피성逃避城, cities of refuge은 '계획적으로 사람을 살해한 것이 아니라 부지중에 사람을 죽게 한 경우 보복을 피하여 도망할 수 있도록 마련된 장소(신명기 19:2-3)'라고 정의할 수 있다. 성경에서는 도피성의 설치 장소를 요단강 동편의 베셀, 길르앗 라못, 바산 골란 3곳과, 요단강 서편의 헤브론기럇 아르바, 세겜, 갈릴리 게데스 3곳을 합해 총 6개소를 정하면서(민수기 35:14), 각 성읍은 이스라엘 전 지역에서 하루 정도면 도달할 수 있는 거리에 위치하도록 하였다.[2) 이 도피성의 특징은 살해동기가 '의도성이 없이 그릇 살인'한 경우와 같이 과실치사의 죄를 범한 자가 도피성으로 피해 있다가 제사장이 죽게 되면 죄가 사면赦免되도록 했다는 점이다. 하지만 고의로 살인을 한 자들이 숨어들어 올 수도

그림 11-2 열두 지파 분배지역과 도피성

있기에 성경 신명기와 여호수아서에서는 공정한 재판을 받기까지의 절차와 과실치사의 사정을 공정하게 심사하여 처리하는 과정을 상세히 언급하고 있다(신명기 19:3,11-12, 민수기 35:12).

고대사회에서는 범죄를 자행한 자에 대하여는 동해보복을 허용하였다. 그래서 모세오경에도 '생명은 생명으로, 눈은 눈으로, 이는 이로, 손은 손으로, 발은 발로, 데운 것은 데움으로, 상하게 한 것은 상함으로, 때린 것은 때림으로 갚을 찌니라(출애굽기 21:23-25)'고 명시하고 있다. 하지만 이러한 동해보복 사상이 지배하는 사회에서는 자칫 과잉보복 현상이 발생하기 쉽다. 특히 사람이 죽은 경우 사망의 원인과 동기를 자세히 조사하지 않은 채 성급한 보복행위로 관련된 자의 생명을 빼앗는다면 매우 불합리하고 억울한 결과가 초래될 수 있는 것이다.[3]

도피성은 이와 같이 보복의 위기에 처한 잠재적 피해자를 도피성으로 도망가게 함으로써 보복하려는 자의 성급한 행동으로부터 신변의 안전을 확보하고 보호하는 기능을 한다. 도피성의 위치 선정 등 설계 취지를 살펴보면 이를 더 분명히 알 수 있다. 즉, 이스라엘 민족이 거주할 땅을 요단강 동편과 서편으로 구분하여 크게 세 구획으로 나눈 뒤, 각 구획의 중심부에 도피성이 있도록 한 점, 멀리서도 볼 수 있도록 산꼭대기에 설치한 점,[4] 도피성으로 향하는 도로를 잘 닦도록 한 점(신명기 19:3) 등이 바로 그것이다. 이는 보복자의 복수가 시행되기 전에 효과적으로 살인자가 도피성으로 빠르게 피신할 수 있도록 배려한 것으로서 잠재적 피해자 보호를 위한 위기개입 차원의 환경설계라고 보아야 하는 것이다.[5]

도피성 제도에 담긴
인권보장의 정신

　만일 앞의 사례에서 본 과실치사의 죄를 범한 청년이 피해자 가족에
의해 보복을 당해 살해된다면 억울한 결과가 초래 될 것이 분명하다. 이
는 자기가 저지른 행위에 비례하지 못한 형벌을 받는 것이기에 정의 관
념에 반한 것이기도 하다. 만일에 억울한 일을 당한 자가 그 억울한 사정
을 호소하지 못한 채 국가로부터 형벌이 가해지거나 일반 사인으로부터
보복을 받게 된다면 그 사회를 정의롭다고 보기 어렵다. 따라서 사회정
의가 확보되기 위해서는 억울한 일을 당한 자는 누구든지 그 억울한 정
을 호소하여 구제받을 수 있도록 사법시스템이 구축되어 있어야 한다.

그림 11-3 도피성

　아직 현대사회와 같은 형사사법 시스템이 마련되지 아니했던 고대
이스라엘 사회에서는 도피성이 사회적 약자를 위한 안전망이자 사회적

보호 시스템에 해당하였다.6) 개인 간의 동해보복을 허용했던 당시의 사법제도로 보면 과실치사의 죄를 범한 가해자는 다른 한편으로 보면 죽임을 당할 위험에 처한 잠재적 피해자로서의 지위도 갖게 된다. 이때 과실치사의 죄를 범한 자의 구체적 사정을 도피성에 있는 대제사장이 듣고 성읍에 받아들이게 되면, 그를 보복하려는 자로부터 보호함과 동시에 회중 앞에서 재판을 받도록 그 성읍에 거주하는 것을 허용하였다(여호수아 20:4-6). 진상이 규명되는 순간까지 이 잠재적 피해자를 보호하는 역할을 수행하게 되었기에 사회정의 실현을 위한 사법제도로서 기능을 했던 것이다.7)

한편, 살인의 고의나 원한이 없이 부지중에 이웃을 죽였을 경우 그 자세한 사정을 조사하지 않은 채 보복자가 그 행위자를 살해하도록 내어주거나 국가가 행위자를 사형에 처해버린다면 실수로 사람을 죽였던 자는 영원히 살인자라는 누명을 벗지 못할 것이다. 도피성 제도는 이러한 불합리한 상황의 발생을 막기 위해 억울함이 있는 자의 도피처로서 기능을 하게 되지만 진정한 살인범의 도주처가 되는 것을 방지하기 위해 다음과 같은 절차를 두고 있다. 첫째, 회중 앞에서 과실치사의 죄를 범한 피의자가 재판을 받도록 하여 그 진상이 규명되도록 하는 절차를 마련하였다. 그 결과 고의적 살인이 아니라는 것이 판명나게 되면 그는 살인자의 낙인을 면하게 될 것이다. 둘째, 회중 앞에서 재판을 받아 고의적 살인이 아님이 판명난다 할지라도 행위자는 자기 집으로 돌아가지 못하고 도피성에 생활하면서 당시 대제사장이 죽기까지 머무르도록 했다(여호수아 20:6). 이는 행위자를 보복자의 복수위험으로부터 보호하는 의미도 있지만 어찌 되었든 자신의 실수로 사람이 죽은 것에 대한 책임을 묻는 의미도 있었다. 그래서 일정기간 신체의 자유를 제한하여 과실치사의 책임을 상쇄해 줌으로써 종국적으로 살인자의 낙인을 벗도록 한 것이다.8) 당시 행위자와 함께 거주했던 대제사장이 죽게 되면 그 죽음으로 인해 행위자의 과실치사의 죄가 종교적 차원에서 완전한 속죄贖罪가 되고, 그로 인해 행위자는 죄로부터 완전히 자유자가 되어 자기 집으로 돌아 갈 수 있었다. 도피성이 갖는 이러한 사면赦免의 기능과 속죄의 기능은 영원한 대제사장으로 불리는 예수가 자신의 죽음을 통해 인류를 죄악의 굴레에서 해방시킨 구속救贖 사건과 유사하다.9)

도피성은 위와 같이 낙인 방지의 효과도 있었지만 부지중에 살인 한 자에게 다시 재기의 기회를 주는 갱생제도更生制度로서의 의미도 지닌다. 만일 도피성이 없었다면 과실로 사람을 죽인 자들은 보복자의 손에 생명을 잃기 쉬웠을 것이고, 설사 보복자의 보복을 피해 달아났다 할지라도 평생 보복에 대한 위험을 안고서 불안과 죄책감에 시달렸을 것이다. 그러나 도피성은 실수로 사람을 죽인 자들이 자신의 생명을 보존할 수 있게 함은 물론, 대제사장이 죽은 후 행위자의 과실치사죄에 대한 완전한 속죄가 이루어져 다시 사회로 복귀하여 새로운 삶을 살 수 있는 기회를 부여받을 수 있는 곳이었다. 대제사장의 죽음은 과실치사의 죄를 범한 자에게 있어서는 죄악과 수치의 구 시대가 끝나고 자유와 희망을 가진 새 시대가 시작되었다는 표시였기에 이제 과거의 사건에 얽매이지 않고 새 마음을 가지고 새 출발을 할 수 있도록 한 것이다.10)

끝으로 도피성 제도는 레위성 가운데 구분된 성읍으로서 목초지가 성읍 주위에 둘러져 있어 제물祭物로 쓸 짐승들을 목양牧養할 수 있었다고 한다. 이로 인해 이곳으로 도피한 자는 생계유지를 하면서 갱생과 재활을 꿈꿀 수 있었다. 여호수아서 20:4에서는 "그를 받아 성읍에 들여 한 곳을 주어 자기들 중에 거하게 하고"라고 기록되어 있는데 이는 피신자가 살아갈 장소와 생계를 유지할 수 있는 생활방도를 제공해 주는 것을 의미한다. 심지어 유대 랍비 전승에 따르면 도피성에 피신한 사람에게는 세금을 받지 말아야 하며 직업훈련까지 시켜 주어야 함을 가르쳤다고 한다.[11] 이러한 사실로 미루어 볼 때 도피성은 단순히 억울하게 살인의 혐의를 받고 있는 자들이 보복을 피해 숨어 든 곳이라는 장소적 개념에 불과한 것이 아니라, 실수로 사람을 죽였던 자들이 살인범이라는 누명을 벗고 다시 새로운 삶을 준비하는 곳으로서, 오늘날 법무부가 진행하고 있는바 갱생과 재활과 같은 교정행정의 기능도 수행했다고 볼 수 있다.[12]

형법 제13조는 '죄의 성립요소인 사실을 인식하지 못한 행위는 벌하지 아니한다.'라고 되어 있기에 자기 행위의 불법성을 인식하지 못하거나 범죄가 되는 행위를 실현하고자 하는 의욕을 갖지 않았던 행동에 대해서는 원칙적으로 형사처벌을 하지 않도록 하고 있다.

그러나 어떤 사람의 행동에 대하여 주관적 인식이 있었는지 여부를 가려내는 것이 쉽지도 않을뿐더러 설령 주관적 인식은 없는 행동이라 하더라도 조금만 주의를 기울였으면 인식을 할 수도 있었던 행위조차 면책을 해버린다면 가해자의 과실행위로 피해를 입은 자들의 억울함이 커질 것이고, 그가 입은 손해의 회복이 매우 곤란한 지경에 처해 질 것이다. 이에 형법 제14조는 '정상의 주의를 태만함으로 인하여 죄의 성립요소인 사실을 인식하지 못한 행위라도 법률에 특별한 규정이 있는 경우에 한하여 처벌한다.'고 규정함으로써 주의의무를 태만히 한 자들에 대하여 과실범으로 처벌할 수 있는 근거를 마련해 두고 있다.

범죄로 인해 사람이 사망하게 될 경우 고의로 살인을 행한 자와 과실로 사람을 죽음에 이르게 한 자의 죄질이 다르다고 보고 형량차이를 매우 크게 두고 있다. 전자는 사형, 무기, 5년 이상의 징역에 처해지지만, 후자는 2년 이하의 금고 또는 700만원 이하의 벌금에 처하고 있는 것이다. 이렇게 죄질의 경중이 다르기 때문에 구약성경에서도 도피성 제도를 두어 과실치사의 죄를 범한 자가 살인범들과 동등한 형벌에 처해지는 위험에 빠지는 것을 차단하고자 한 것이다.

에필로그

인류의 첫 조상 아담과 하와가 창조주가 마련한 완벽한 인생 경영 매뉴얼에 따라 겸허하게 피조물로서의 지위를 지키며 전능자를 경외하며 살았더라면, 지금쯤 인류는 범죄가 없는 사회에서 복된 삶을 살고 있었을 것이다. 그러나 그들은 피조물의 지위를 망각하고 자신이 하나님의 자리에 서서 모든 일을 판단하고 평가하고 결정하려 함으로써 절대자 하나님의 권위에 도전하는 과오를 저지르고 말았다. 그 과오는 모든 인간에게 원죄原罪, original sin가 되어 모든 세대에 걸쳐 지속적으로 유전되고 있다. 성경은 우리가 실정법을 어긴 결과로 범죄자가 된 것이 아니라, 아래에서 보는 것처럼 인간 내면에 죄성이 있기 때문에 형법을 위반하는 죄를 범하기도 하고, 평강을 모르는 인생을 살고 있다고 말한다.

> "… 오직 너희 죄악이 너희와 너희 하나님 사이를 갈라놓았고 … 공의대로 소송하는 자도 없고 진실하게 판결하는 자도 없으며, 허망한 것을 의뢰하며, 거짓을 말하며, 악행을 잉태하여 죄악을 낳으며 … 그 발은 행악하기에 빠르고, 무죄한 피를 흘리기에 신속하며, 그 생각은 악한 생각이라 황폐와 파멸이 그 길에 있으며, 그들은 평강의 길을 알지 못하며, 그들이 행하는 곳에는 정의가 없으며, 굽은 길을 만드나니, 무릇 이 길을 밟는 자는 평강을 알지 못하느니라(이사야 59:2~8)."

　　그렇다면 성경은 범죄학에 어떤 도움을 줄 수 있는가? 그것은 모든 인간의 내면에 숨어 있는 범죄적 본성을 적나라하게 노출시켜 줌으로써 인간이라면 누구든지 잠재적 범죄자 그룹에 속해 있다는 것과, 그 본성에 본질적 변화가 일어나지 않는 한 누구를 막론하고 범죄를 범할 가능성이 있다는 것을 깨우쳐 주고 있다는 점에서 큰 기여를 하고 있다. 그러나 무엇보다 중요한 것은 신앙을 통해 인간 내면의 본질적 변화, 즉 중생重生, born again이 일어날 수 있다는 것과 이를 통해 죄의 소욕을 다스릴 수 있는 탁월한 능력이 생성될 수 있다는 점일 것이다.

인간이 영적 의미에서의 중생을 통해 '생래적 범죄자生來的 犯罪者, born criminal'의 지위를 벗어 던지고 어떻게 새사람이 될 수 있다는 말인가? 그 것은 인력으로는 불가능한 일이다. 인간이 스스로의 노력만으로 창세부터 유전이 되어 내려오는 원죄를 제거할 수는 없는 것이다. 이 일은 인간을 최초로 창조한 창조주만이 할 수 있는 일이다. 인간이 스스로를 구원하고자 하는 선행善行과 의義는 창조주의 시각에는 '더러운 옷'과 같아서 그 공의의 기준에 한참 못 미치기 때문이다(이사야 64:6). 인류가 죄의 노예로 살아 온 삶을 청산하고 중생할 수 있는 길은 오직 하나님이 요구하는 수준의 공의를 충족시키는 길밖에는 없다. 그리고 이 길은 인간으로부터 나오는 것이 아니라 하나님으로부터 나온다.

> "여호와께서 이를 살피시고 그 정의가 없는 것을 기뻐하지 아니하시고 사람이 없음을 보시며 중재자가 없음을 이상히 여기셨으므로 자기 팔로 스스로 구원을 베푸시며 자기의 공의를 스스로 의지하사 … (이사야 59:16~17) … 우리는 다 양 같아서 그릇 행하여 각기 제 길로 갔거늘 여호와께서는 우리 모두의 죄악을 그에게 담당시키셨도다(이사야 53:6)"

완전한 하나님이자 완전한 인간으로 이 땅에 왔던 예수는 죄와 상관없이 완벽하고 의로운 삶을 살았던 최초의 인간이었다. 그는 인류가 안고 있던 원죄의 빚을 청산하기 위해 불의의 재판에 의한 사형집행을 달게 감내하였고 자신의 목숨을 죄의 대가로 기꺼이 지불하였다. 이후 그는 사흘 만에 다시 살아나는 놀라운 기적을 통해 새로운 인류의 첫 조상이 되었다. 죄의 본성이 지닌 영향으로 고통당하고 있는 인생이라면 누구든지 이 사실을 신뢰하고 자신의 삶을 방향을 돌이키면, 영적 세계에서는 무죄한 의인으로 간주되어 하나님 안에서 다시 태어나는 중생 체험을 하게 되고, 우리 안에 작동하고 있는 죄의 권세를 다스릴 권능을 부여받게 된다. 이처럼 인간 내면에 내재되어 있는 범죄적 본성을 극복하는 것이야말로 범죄 문제의 본질적 해결책이 될 수 있는 것이다. 그런 의미에서 인간이성 만능주의와 과학적 결정론으로 기울어져 있는 오늘날 현대사회의 범죄원인론은 범죄발생의 근본원인을 발견하고 이를 극복해 나가는 데 있어서 진지한 자세와 겸허한 태도로 종교의 도움과 협력을 구해야 할 것이다.

그림
목록

—— •

[제 1 장 인류 최초의 살인: 가인]

1-1. 〈Michelangelo, Tempatation of Adam and Eve〉

1-2. 〈Nicolas Beatrizet, Cain and Abel, 1544〉

1-3. 〈Anonymous, Cain and Abel, pixabay〉

1-4. 〈William-Adolphe Bouguereau, The First Mourning, 1888〉

[제 2 장 동생에 대한 약취 및 인신매매: 야곱의 열 아들]

2-1. 〈Hendrick ter Brugghen, Esau Selling His Birthright, 1627〉

2-2. 〈Gerard Hoet, Laban and Jacob, 1728〉

2-3. 〈Charles Foster, Jacob and Rachel at the Well, 1897〉

2-4. 〈권성달, 요셉의 이동 경로, 2021〉

2-5. 〈Lambert Jacobsz, Joseph's blood-stained coat and Jacob〉

[제 3 장 간음을 은폐하기 위한 살인: 다윗]

3-1. 〈Gerard van Honthorst, King David, the King of Israel〉

3-2. 〈Gustave Doré, Saul Attempts to Kill David, 1866〉

3-3. 〈Jean-Léon Gérôme, Bathsheba at her bath, 1889〉

3-4. 〈Pieter Lastman, David handing over a letter to Uriah, 1619〉

3-5. 〈Julius Schnorr von Karolsfeld, Nathan Confronts David, 1860〉

[제 4 장 지역 주민에 의한 성범죄와 보복 살인: 시므온과 레위]

4-1. 〈James Tissot, The abduction of Dinah〉

4-2. 〈Gerard Hoet, Simeon and Levi slay the Shechemites, 1728〉

4-3. 〈Phillip Medhurst, Dinah and Shechem〉

[제 5 장 친족에 의한 성범죄와 보복 살인: 압살롬]

    5-1. 〈Alexandre Cabanel, Thamar, 1875〉

    5-2. 〈Bartolomeo Manfredi, The Death of Amnon, 17th Century〉

[제 6 장 폭력적 하위문화에 편승한 성범죄: 베냐민 지파의 청년들]

    6-1. 〈권성달, 에브라임 산지와 기브아 성읍, 2021〉

    6-2. 〈Charles Joseph Staniland, The Levite attempts to find lodging in Gibeah, 1900〉

    6-3. 〈Gustave Doré, The Israelite discovers his concubine, dead on his doorstep, 1880〉

    6-4. 〈A.F.Caminade, The Levite of Ephraim, 1837〉

[제 7 장 직권남용 범죄자의 회개: 삭개오]

    7-1. 〈William Hole, Zacchaeus being called down from the tree, 1908〉

    7-2. 〈Etching by J.B. Vrints after P. van der Borcht., Christ feasts in Zacchaeus's well-stocked house〉

[제 8 장 재산 강탈을 위한 사법 살인: 이세벨]

    8-1. 〈Harold Copping, Jezebel〉

    8-2. 〈Caspar Luiken, Jezebel has Naboth killed, 1712〉

    8-3. 〈Gustave Doré, The Death of Jezebel〉

[제 9 장 여론 재판을 통한 사법 살인: 빌라도]

    9-1. 〈Unknown author, Judas betrays Jesus with a kiss, 1873〉

    9-2. 〈Antonio Ciseri, Ecce homo, 1860-1880〉

    9-3. 〈Mihály Munkácsy, Christ in front of Pilate. 1881〉

[제10장 범죄피해자의 진정한 이웃: 선한 사마리아 사람]

    10-1. 〈Breen, A. E., Good semaritan road to jerico, 1906〉

10-2. 〈Luigi Sciallero, The Good Samaritan, 1854〉

10-3. 〈Rembrandt, The Good Samaritan, 1633〉

[제11장 부주의에 의한 살인: 도피성을 찾은 청년]

11-1. 〈Gill Richard, Image of Ficus Sycomorus, 2015〉

11-2. 〈권성달, 열두 지파의 분배지역과 도피성, 2021〉

11-3. 〈Charles Foster, The City of Refuge, 1897〉

그림 및
사진 출처

—— •

[권성달 교수]

[바이블 투어, 도서출판 나임, 2021], 2-4, 6-1, 11-2.

[위키미디어 커먼스(Wikimedia Commons)]

[https://commons.wikimedia.org/]

1-1, 1-2, 2-3, 2-5, 3-1, 3-2, 3-3, 4-3, 5-2, 7-1, 7-2, 8-1, 8-2, 8-3, 9-1, 9-2, 9-3, 10-1, 10-2, 10-3, 11-1, 11-3.

[위키피디어(Wikipedia)]

[https://en.wikipedia.org/wiki/]

1-4, 2-1, 2-2, 3-4, 3-5, 4-1, 4-2, 5-1, 6-2, 6-3, 6-4.

[픽사베이(Pixabay)]

[https://pixabay.com/ko/images/search/cain%20abel/], 1-3.

본문에 인용된 성경 구절

—— •

[서문]

- **로마서 3:23**
  - 모든 사람이 죄를 범하였으매 하나님의 영광에 이르지 못하더니.

- **예레미야 17:9**
  - 만물보다 거짓되고 심히 부패한 것은 마음이라 누가 능히 이를 알리요마는.

- **창세기 3:22**
  - 여호와 하나님이 이르시되 보라 이 사람이 선악을 아는 일에 우리 중 하나 같이 되었으니.

- **예레미야애가 3:33**
  - 주께서 인생으로 고생하게 하시며 근심하게 하심은 본심이 아니시로다.

- **시편 103:8-10**
  - 여호와는 긍휼이 많으시고 은혜로우시며 노하기를 더디 하시고 인자하심이 풍부하시도다. 자주 경책하지 아니하시며 노를 영원히 품지 아니하시리로다. 우리의 죄를 따라 우리를 처벌하지는 아니하시며 우리의 죄악을 따라 우리에게 그대로 갚지는 아니하셨으니.

[1장]

- **창세기 2:16-17**
  - 여호와 하나님이 그 사람에게 명하여 이르시되 동산 각종 나무의 열매는 네가 임의로 먹되 선악을 알게 하는 나무의 열매는 먹지 말라 네가 먹는 날에는 반드시 죽으리라 하시니라.

- **창세기 3:10**
  - 이르되 내가 동산에서 하나님의 소리를 듣고 내가 벗었으므로 두려워하여 숨었나이다.

■ 창세기 3:16-19

   – 또 여자에게 이르시되 내가 네게 임신하는 고통을 크게 더하리니 네가 수고
하고 자식을 낳을 것이며 너는 남편을 원하고 남편은 너를 다스릴 것이니라
하시고 아담에게 이르시되 네가 네 아내의 말을 듣고 내가 네게 먹지 말라
한 나무의 열매를 먹었은즉 땅은 너로 말미암아 저주를 받고 너는 네 평생에
수고하여야 그 소산을 먹으리라. 땅이 네게 가시덤불과 엉겅퀴를 낼 것이라
네가 먹을 것은 밭의 채소인즉 네가 흙으로 돌아갈 때까지 얼굴에 땀을 흘려
야 먹을 것을 먹으리니 네가 그것에서 취함을 입었음이라 너는 흙이니 흙으
로 돌아갈 것이니라 하시니라.

■ 창세기 4:4-7

   – 아벨은 자기도 양의 첫 새끼와 그 기름으로 드렸더니 여호와께서 아벨과 그
의 제물은 받으셨으나 가인과 그의 제물은 받지 아니하신지라 가인이 몹시
분하여 안색이 변하니 여호와께서 가인에게 이르시되 네가 분하여 함은 어찌
됨이며 안색이 변함은 어찌 됨이냐. 네가 선을 행하면 어찌 낯을 들지 못하겠
느냐 선을 행하지 아니하면 죄가 문에 엎드려 있느니라. 죄가 너를 원하나 너
는 죄를 다스릴지니라.

[2장]

■ 창세기 25:27-34

   – 그 아이들이 장성하매 에서는 익숙한 사냥꾼이었으므로 들사람이 되고 야곱
은 조용한 사람이었으므로 장막에 거주하니 이삭은 에서가 사냥한 고기를 좋
아하므로 그를 사랑하고 리브가는 야곱을 사랑하였더라. 야곱이 죽을 쑤었더
니 에서가 들에서 돌아와서 심히 피곤하여 야곱에게 이르되 내가 피곤하니
그 붉은 것을 내가 먹게 하라 한지라. 그러므로 에서의 별명은 에돔이더라.
야곱이 이르되 형의 장자의 명분을 오늘 내게 팔라. 에서가 이르되 내가 죽게
되었으니 이 장자의 명분이 내게 무엇이 유익하리요. 야곱이 이르되 오늘 내
게 맹세하라 에서가 맹세하고 장자의 명분을 야곱에게 판지라. 야곱이 떡과
팥죽을 에서에게 주매 에서가 먹으며 마시고 일어나 갔으니 에서가 장자의

명분을 가볍게 여김이었더라.

- **창세기 29:25-30**
  – 야곱이 아침에 보니 레아라 라반에게 이르되 외삼촌이 어찌하여 내게 이같이 행하셨나이까. 내가 라헬을 위하여 외삼촌을 섬기지 아니하였나이까. 외삼촌이 나를 속이심은 어찌됨이니이까. 라반이 이르되 언니보다 아우를 먼저 주는 것은 우리 지방에서 하지 아니하는 바이라. 이를 위하여 칠 일을 채우라 우리가 그도 네게 주리니 네가 또 나를 칠 년 동안 섬길지니라. 야곱이 그대로 하여 그 칠 일을 채우매 라반이 딸 라헬도 그에게 아내로 주고 라반이 또 그의 여종 빌하를 그의 딸 라헬에게 주어 시녀가 되게 하매 야곱이 또한 라헬에게로 들어갔고 그가 레아보다 라헬을 더 사랑하여 다시 칠 년 동안 라반을 섬겼더라.

- **창세기 37:2**
  – 요셉이 십칠 세의 소년으로서 그의 형들과 함께 양을 칠 때에 그의 아버지의 아내들 빌하와 실바의 아들들과 더불어 함께 있었더니 그가 그들의 잘못을 아버지에게 말하더라.

- **창세기 37:4-5**
  – 그의 형들이 아버지가 형들보다 그를 더 사랑함을 보고 그를 미워하여 그에게 편안하게 말할 수 없었더라. 요셉이 꿈을 꾸고 자기 형들에게 말하매 그들이 그를 더욱 미워하였더라.

- **창세기 37:25-27**
  – 그들이 앉아 음식을 먹다가 눈을 들어 본즉 한 무리의 이스마엘 사람들이 길르앗에서 오는데 그 낙타들에 향품과 유향과 몰약을 싣고 애굽으로 내려가는지라. 유다가 자기 형제에게 이르되 우리가 우리 동생을 죽이고 그의 피를 덮어둔들 무엇이 유익할까. 자 그를 이스마엘 사람들에게 팔고 그에게 우리 손을 대지 말자. 그는 우리의 동생이요 우리의 혈육이니라 하매 그의 형제들이 청종하였더라.

- **창세기 37:34-35**
  – 자기 옷을 찢고 굵은 베로 허리를 묶고 오래도록 그의 아들을 위하여 애통하

니 그의 모든 자녀가 위로하되 그가 그 위로를 받지 아니하여 이르되 내가 슬퍼하며 스올로 내려가 아들에게로 가리라 하고 그의 아버지가 그를 위하여 울었더라.

[3장]

- **사무엘하 11:1**
  - 그 해가 돌아와 왕들이 출전할 때가 되매 다윗이 요압과 그에게 있는 그의 부하들과 온 이스라엘 군대를 보내니 그들이 암몬 자손을 멸하고 랍바를 에 워쌌고 다윗은 예루살렘에 그대로 있더라.

- **사무엘하 11:4**
  - 다윗이 전령을 보내어 그 여자를 자기에게로 데려오게 하고 그 여자가 그 부정함을 깨끗하게 하였으므로 더불어 동침하매 그 여자가 자기 집으로 돌아가니라.

- **사무엘하 11:14-15**
  - 아침이 되매 다윗이 편지를 써서 우리아의 손에 들려 요압에게 보내니 그 편지에 써서 이르기를 너희가 우리아를 맹렬한 싸움에 앞세워 두고 너희는 뒤로 물러가서 그로 맞아 죽게 하라 하였더라.

- **사무엘하 12:9**
  - 그러한데 어찌하여 네가 여호와의 말씀을 업신여기고 나 보기에 악을 행하였느냐 네가 칼로 헷 사람 우리아를 치되 암몬 자손의 칼로 죽이고 그의 아내를 빼앗아 네 아내로 삼았도다.

[4장]

- **창세기 34:1**
  - 레아가 야곱에게 낳은 딸 디나가 그 땅의 딸들을 보러 나갔더니.

- **창세기 34:8-12**
  - 하몰이 그들에게 이르되 내 아들 세겜이 마음으로 너희 딸을 연연하여 하니 원하건대 그를 세겜에게 주어 아내로 삼게 하라. 너희가 우리와 통혼하여 너

희 딸을 우리에게 주며 우리 딸을 너희가 데려가고 너희가 우리와 함께 거주하되 땅이 너희 앞에 있으니 여기 머물러 매매하며 여기서 기업을 얻으라 하고, 세겜도 디나의 아버지와 그의 남자 형제들에게 이르되 나로 너희에게 은혜를 입게 하라 너희가 내게 말하는 것은 내가 다 주리니 이 소녀만 내게 주어 아내가 되게 하라 아무리 큰 혼수와 예물을 청할지라도 너희가 내게 말한 대로 주리라.

- 창세기 34:21-23
  - 이 사람들은 우리와 친목하고 이 땅은 넓어 그들을 용납할 만하니 그들이 여기서 거주하며 매매하게 하고 우리가 그들의 딸들을 아내로 데려오고 우리 딸들도 그들에게 주자. 그러나 우리 중의 모든 남자가 그들이 할례를 받음 같이 할례를 받아야 그 사람들이 우리와 함께 거주하여 한 민족 되기를 허락할 것이라. 그러면 그들의 가축과 재산과 그들의 모든 짐승이 우리의 소유가 되지 않겠느냐 다만 그들의 말대로 하자 그러면 그들이 우리와 함께 거주하리라.

- 창세기 34:25-27
  - 제삼일에 아직 그들이 아파할 때에 야곱의 두 아들 디나의 오라버니 시므온과 레위가 각기 칼을 가지고 가서 몰래 그 성읍을 기습하여 그 모든 남자를 죽이고 칼로 하몰과 그의 아들 세겜을 죽이고 디나를 세겜의 집에서 데려오고 야곱의 여러 아들이 그 시체 있는 성읍으로 가서 노략하였으니 이는 그들이 그들의 누이를 더럽힌 까닭이라.

[5장]

- 사무엘하 13:11-14
  - 그에게 먹이려고 가까이 가지고 갈 때에 암논이 그를 붙잡고 그에게 이르되 나의 누이야 와서 나와 동침하자 하는지라. 그가 그에게 대답하되 아니라 내 오라버니여 나를 욕되게 하지 말라 이런 일은 이스라엘에서 마땅히 행하지 못할 것이니 이 어리석은 일을 행하지 말라. 내가 이 수치를 지니고 어디로 가겠느냐. 너도 이스라엘에서 어리석은 자 중의 하나가 되리라. 이제 청하건대 왕께 말하라. 그가 나를 네게 주기를 거절하지 아니하시리라 하되 암논이

그 말을 듣지 아니하고 다말보다 힘이 세므로 억지로 그와 동침하니라.

- **사무엘하 13:28-29**
  - 압살롬이 이미 그의 종들에게 명령하여 이르기를 너희는 이제 암논의 마음이 술로 즐거워할 때를 자세히 보다가 내가 너희에게 암논을 치라 하거든 그를 죽이라. 두려워하지 말라. 내가 너희에게 명령한 것이 아니냐. 너희는 담대히 용기를 내라 한지라. 압살롬의 종들이 압살롬의 명령대로 암논에게 행하매 왕의 모든 아들들이 일어나 각기 노새를 타고 도망하니라.

- **창세기 1:28**
  - 하나님이 그들에게 복을 주시며 하나님이 그들에게 이르시되 생육하고 번성하여 땅에 충만하라, 땅을 정복하라, 바다의 물고기와 하늘의 새와 땅에 움직이는 모든 생물을 다스리라 하시니라.

- **창세기 2:18**
  - 여호와 하나님이 이르시되 사람이 혼자 사는 것이 좋지 아니하니 내가 그를 위하여 돕는 배필을 지으리라 하시니라.

- **레위기 18:30**
  - 그러므로 너희는 내 명령을 지키고 너희가 들어가기 전에 행하던 가증한 풍속을 하나라도 따름으로 스스로 더럽히지 말라. 나는 너희의 하나님 여호와이니라.

[6장]

- **사사기 19:1-2**
  - 이스라엘에 왕이 없을 그 때에 에브라임 산지 구석에 거류하는 어떤 레위 사람이 유다 베들레헴에서 첩을 맞이하였더니, 그 첩이 행음하고 남편을 떠나 유다 베들레헴 그의 아버지의 집에 돌아가서 거기서 넉 달 동안을 지내매.

- **사사기 19:22-23**
  - 그들이 마음을 즐겁게 할 때에 그 성읍의 불량배들이 그 집을 에워싸고 문을 두들기며 집 주인 노인에게 말하여 이르되 네 집에 들어온 사람을 끌어내라 우리가 그와 관계하리라 하니 집 주인 그 사람이 그들에게로 나와서 이르되

아니라 내 형제들아 청하노니 이같은 악행을 저지르지 말라 이 사람이 내 집에 들어왔으니 이런 망령된 일을 행하지 말라.

- 사사기 19:25-28
  - 무리가 듣지 아니하므로 그 사람이 자기 첩을 붙잡아 그들에게 밖으로 끌어내매 그들이 그 여자와 관계하였고 밤새도록 그 여자를 능욕하다가 새벽 미명에 놓은지라. 동틀 때에 여인이 자기의 주인이 있는 그 사람의 집 문에 이르러 엎드려져 밝기까지 거기 엎드려져 있더라. 그의 주인이 일찍이 일어나 집 문을 열고 떠나고자 하더니 그 여인이 집 문에 엎드려져 있고 그의 두 손이 문지방에 있는 것을 보고.

- 사사기 21:25
  - 그 때에 이스라엘에 왕이 없으므로 사람이 각기 자기의 소견에 옳은 대로 행하였더라.

- 출애굽기 21:12
  - 사람을 쳐죽인 자는 반드시 죽일 것이나.

- 출애굽기 21:18-19
  - 사람이 서로 싸우다가 하나가 돌이나 주먹으로 그의 상대방을 쳤으나 그가 죽지 않고 자리에 누웠다가 지팡이를 짚고 일어나 걸으면 그를 친 자가 형벌은 면하되 그간의 손해를 배상하고 그가 완치되게 할 것이니라.

- 출애굽기 22:1-4
  - 사람이 소나 양을 도둑질하여 잡거나 팔면 그는 소 한 마리에 소 다섯 마리로 갚고 양 한 마리에 양 네 마리로 갚을지니라. 도둑이 뚫고 들어오는 것을 보고 그를 쳐죽이면 피 흘린 죄가 없으나, 해 돋은 후에는 피 흘린 죄가 있으리라 도둑은 반드시 배상할 것이나 배상할 것이 없으면 그 몸을 팔아 그 도둑질한 것을 배상할 것이요, 도둑질한 것이 살아 그의 손에 있으면 소나 나귀나 양을 막론하고 갑절을 배상할지니라.

- 레위기 18:26-30
  - 그러므로 너희 곧 너희의 동족이나 혹은 너희 중에 거류하는 거류민이나 내 규례와 내 법도를 지키고 이런 가증한 일의 하나라도 행하지 말라. 너희 전에

있던 그 땅 주민이 이 모든 가증한 일을 행하였고 그 땅도 더러워졌느니라. 너희도 더럽히면 그 땅이 너희가 있기 전 주민을 토함 같이 너희를 토할까 하노라. 이 가증한 모든 일을 행하는 자는 그 백성 중에서 끊어지리라. 그러므로 너희는 내 명령을 지키고 너희가 들어가기 전에 행하던 가증한 풍속을 하나라도 따름으로 스스로 더럽히지 말라 나는 너희의 하나님 여호와이니라.

[7장]

- **누가복음 19:5**
  - 예수께서 그 곳에 이르사 쳐다 보시고 이르시되 삭개오야 속히 내려오라 내가 오늘 네 집에 유하여야 하겠다 하시니.

- **누가복음 19:8**
  - 삭개오가 서서 주께 여짜오되 주여 보시옵소서. 내 소유의 절반을 가난한 자들에게 주겠사오며 만일 누구의 것을 속여 빼앗은 일이 있으면 네 갑절이나 갚겠나이다.

[8장]

- **열왕기상 10:21**
  - 솔로몬 왕이 마시는 그릇은 다 금이요 레바논 나무 궁의 그릇들도 다 정금이라 은 기물이 없으니 솔로몬의 시대에 은을 귀히 여기지 아니함은.

- **열왕기상 11:3**
  - 왕은 후궁이 칠백 명이요 첩이 삼백 명이라 그의 여인들이 왕의 마음을 돌아서게 하였더라.

- **열왕기상 16:30-33**
  - 오므리의 아들 아합이 그의 이전의 모든 사람보다 여호와 보시기에 악을 더욱 행하여 느밧의 아들 여로보암의 죄를 따라 행하는 것을 오히려 가볍게 여기며 시돈 사람의 왕 엣바알의 딸 이세벨을 아내로 삼고 가서 바알을 섬겨 예배하고 사마리아에 건축한 바알의 신전 안에 바알을 위하여 제단을 쌓으며 또 아세라 상을 만들었으니 그는 그 이전의 이스라엘의 모든 왕보다 심히 이

스라엘 하나님 여호와를 노하시게 하였더라.

- **열왕기상 18:13**
  - 이세벨이 여호와의 선지자들을 죽일 때에 내가 여호와의 선지자 중에 백 명을 오십 명씩 굴에 숨기고 떡과 물로 먹인 일이 내 주에게 들리지 아니하였나이까.

- **열왕기상 21:4**
  - 이스르엘 사람 나봇이 아합에게 대답하여 이르기를 내 조상의 유산을 왕께 줄 수 없다 하므로 아합이 근심하고 답답하여 왕궁으로 돌아와 침상에 누워 얼굴을 돌리고 식사를 아니하니.

- **열왕기상 21:7-10**
  - 그의 아내 이세벨이 그에게 이르되 왕이 지금 이스라엘 나라를 다스리시나이까? 일어나 식사를 하시고 마음을 즐겁게 하소서. 내가 이스르엘 사람 나봇의 포도원을 왕께 드리리이다 하고 아합의 이름으로 편지들을 쓰고 그 인을 치고 봉하여 그의 성읍에서 나봇과 함께 사는 장로와 귀족들에게 보내니 그 편지 사연에 이르기를 금식을 선포하고 나봇을 백성 가운데에 높이 앉힌 후에 불량자 두 사람을 그의 앞에 마주 앉히고 그에게 대하여 증거하기를 네가 하나님과 왕을 저주하였다 하게 하고 곧 그를 끌고 나가서 돌로 쳐죽이라 하였더라.

- **열왕기상 22:38**
  - 그 병거를 사마리아 못에서 씻으매 개들이 그의 피를 핥았으니 여호와께서 하신 말씀과 같이 되었더라 거기는 창기들이 목욕하는 곳이었더라.

- **열왕기하 9:36-37**
  - 돌아와서 전하니 예후가 이르되 이는 여호와께서 그 종 디셉 사람 엘리야를 통하여 말씀하신 바라. 이르시기를 이스르엘 토지에서 개들이 이세벨의 살을 먹을지라. 그 시체가 이스르엘 토지에서 거름같이 밭에 있으리니 이것이 이세벨이라고 가리켜 말하지 못하게 되리라 하셨느니라 하였더라.

- **신명기 17:16-17**
  - 그는 병마를 많이 두지 말 것이요 병마를 많이 얻으려고 그 백성을 애굽으로 돌아가게 하지 말 것이니 이는 여호와께서 너희에게 이르시기를 너희가 이

후에는 그 길로 다시 돌아가지 말 것이라 하셨음이며 그에게 아내를 많이 두어 그의 마음이 미혹되게 하지 말 것이며 자기를 위하여 은금을 많이 쌓지 말 것이니라.

- **민수기 36:7**
  - 그리하면 이스라엘 자손의 기업이 이 지파에서 저 지파로 옮기지 않고 이스라엘 자손이 다 각기 조상 지파의 기업을 지킬 것이니라 하셨나니.

[9장]

- **여호수아 15:25**
  - 하솔 하닷다와 그리욧 헤스론 곧 하솔과.

- **신명기 17:6**
  - 죽일 자를 두 사람이나 세 사람의 증언으로 죽일 것이요 한 사람의 증언으로는 죽이지 말 것이며.

- **마태복음 10:4**
  - 가나나인 시몬 및 가룟 유다 곧 예수를 판 자라.

- **마태복음 16:21**
  - 이 때로부터 예수 그리스도께서 자기가 예루살렘에 올라가 장로들과 대제사장들과 서기관들에게 많은 고난을 받고 죽임을 당하고 제삼일에 살아나야 할 것을 제자들에게 비로소 나타내시니.

- **마태복음 26:64**
  - 예수께서 이르시되 네가 말하였느니라 그러나 내가 너희에게 이르노니 이 후에 인자가 권능의 우편에 앉아 있는 것과 하늘 구름을 타고 오는 것을 너희가 보리라 하시니.

- **마가복음 14:3-6**
  - 예수께서 베다니 나병환자 시몬의 집에서 식사하실 때에 한 여자가 매우 값진 향유 곧 순전한 나드 한 옥합을 가지고 와서 그 옥합을 깨뜨려 예수의 머리에 부으니 어떤 사람들이 화를 내어 서로 말하되 어찌하여 이 향유를 허비하는가. 이 향유를 삼백 2)데나리온 이상에 팔아 가난한 자들에게 줄 수 있었

겠도다 하며 그 여자를 책망하는지라. 예수께서 이르시되 가만 두라 너희가 어찌하여 그를 괴롭게 하느냐 그가 내게 좋은 일을 하였느니라.

- **요한복음 2:19**
  - 예수께서 대답하여 이르시되 너희가 이 성전을 헐라 내가 사흘 동안에 일으키리라.

- **요한복음 18:12-13,24**
  - 이에 군대와 천부장과 유대인의 아랫사람들이 예수를 잡아 결박하여 먼저 안나스에게로 끌고 가니 안나스는 그 해의 대제사장인 가야바의 장인이라. 안나스가 예수를 결박한 그대로 대제사장 가야바에게 보내니라.

- **요한복음 19:12-13,15-16**
  - 이러하므로 빌라도가 예수를 놓으려고 힘썼으나 유대인들이 소리 질러 이르되 이 사람을 놓으면 가이사의 충신이 아니니이다. 무릇 자기를 왕이라 하는 자는 가이사를 반역하는 것이니이다. 빌라도가 이 말을 듣고 예수를 끌고 나가서 돌을 깐 뜰에 있는 재판석에 앉아 있더라. 그들이 소리 지르되 없이 하소서 없이 하소서 그를 십자가에 못 박게 하소서. 빌라도가 이르되 내가 너희 왕을 십자가에 못 박으랴. 대제사장들이 대답하되 가이사 외에는 우리에게 왕이 없나이다 하니. 이에 예수를 십자가에 못 박도록 그들에게 넘겨 주니라.

[10장]

- **시편 23:4**
  - 내가 사망의 음침한 골짜기로 다닐지라도 해를 두려워하지 않을 것은 주께서 나와 함께 하심이라 주의 지팡이와 막대기가 나를 안위하시나이다.

- **누가복음 10:29-35**
  - 그 사람이 자기를 옳게 보이려고 예수께 여짜오되 그러면 내 이웃이 누구니이까. 예수께서 대답하여 이르시되 어떤 사람이 예루살렘에서 여리고로 내려가다가 강도를 만나매 강도들이 그 옷을 벗기고 때려 거의 죽은 것을 버리고 갔더라. 마침 한 제사장이 그 길로 내려가다가 그를 보고 피하여 지나가고 또 이와 같이 한 레위인도 그 곳에 이르러 그를 보고 피하여 지나가되 어떤 사

마리아 사람은 여행하는 중 거기 이르러 그를 보고 불쌍히 여겨 가까이 가서 기름과 포도주를 그 상처에 붓고 싸매고 자기 짐승에 태워 주막으로 데리고 가서 돌보아 주니라. 그 이튿날 그가 주막 주인에게 데나리온 둘을 내어 주며 이르되 이 사람을 돌보아 주라 비용이 더 들면 내가 돌아올 때에 갚으리라 하였으니.

- **출애굽기 22:25**
  - 네가 만일 너와 함께 한 내 백성 중에서 가난한 자에게 돈을 꾸어 주면 너는 그에게 채권자 같이 하지 말며 이자를 받지 말 것이며.

- **신명기 22:1,4**
  - 네 형제의 소나 양이 길 잃은 것을 보거든 못 본 체하지 말고 너는 반드시 그것들을 끌어다가 네 형제에게 돌릴 것이요. 네 형제의 나귀나 소가 길에 넘어진 것을 보거든 못 본 체하지 말고 너는 반드시 형제를 도와 그것들을 일으킬지니라.

- **신명기 24:12-13**
  - 그가 가난한 자이면 너는 그의 전당물을 가지고 자지 말고 해 질 때에 그 전당물을 반드시 그에게 돌려줄 것이라. 그리하면 그가 그 옷을 입고 자며 너를 위하여 축복하리니 그 일이 네 하나님 여호와 앞에서 네 공의로움이 되리라.

- **레위기 11:44**
  - 나는 여호와 너희의 하나님이라 내가 거룩하니 너희도 몸을 구별하여 거룩하게 하고 땅에 기는 길짐승으로 말미암아 스스로 더럽히지 말라.

- **레위기 19:18**
  - 원수를 갚지 말며 동포를 원망하지 말며 네 이웃 사랑하기를 네 자신과 같이 사랑하라 나는 여호와이니라.

- **레위기 21:1**
  - 여호와께서 모세에게 이르시되 아론의 자손 제사장들에게 말하여 이르라 그의 백성 중에서 죽은 자를 만짐으로 말미암아 스스로를 더럽히지 말려니와.

- **이사야 29:13**
  - 주께서 이르시되 이 백성이 입으로는 나를 가까이 하며 입술로는 나를 공경

하나 그들의 마음은 내게서 멀리 떠났나니 그들이 나를 경외함은 사람의 계명으로 가르침을 받았을 뿐이라.

■ 마태복음 15:8
- 이 백성이 입술로는 나를 공경하되 마음은 내게서 멀도다.

■ 마태복음 23:23
- 화 있을진저 외식하는 서기관들과 바리새인들이여 너희가 박하와 회향과 근채의 십일조는 드리되 율법의 더 중한 바 정의와 긍휼과 믿음은 버렸도다.

■ 호세아 6:6
- 나는 인애를 원하고 제사를 원하지 아니하며 번제보다 하나님을 아는 것을 원하노라.

[11장]

■ 민수기 35:11-15
- 너희를 위하여 성읍을 도피성으로 정하여 부지중에 살인한 자가 그리로 피하게 하라. 이는 너희가 복수할 자에게서 도피하는 성을 삼아 살인자가 회중 앞에 서서 판결을 받기까지 죽지 않게 하기 위함이니라. 너희가 줄 성읍 중에 여섯을 도피성이 되게 하되 세 성읍은 요단 이쪽에 두고 세 성읍은 가나안 땅에 두어 도피성이 되게 하라. 이 여섯 성읍은 이스라엘 자손과 타국인과 이스라엘 중에 거류하는 자의 도피성이 되리니 부지중에 살인한 모든 자가 그리로 도피할 수 있으리라.

■ 신명기 19:2-5
- 네 하나님 여호와께서 네게 기업으로 주신 땅 가운데에서 세 성읍을 너를 위하여 구별하고 네 하나님 여호와께서 네게 기업으로 주시는 땅 전체를 세 구역으로 나누어 길을 닦고 모든 살인자를 그 성읍으로 도피하게 하라. 살인자가 그리로 도피하여 살 만한 경우는 이러하니 곧 누구든지 본래 원한이 없이 부지중에 그의 이웃을 죽인 일, 가령 사람이 그 이웃과 함께 벌목하러 삼림에 들어가서 손에 도끼를 들고 벌목하려고 찍을 때에 도끼가 자루에서 빠져 그의 이웃을 맞춰 그를 죽게 함과 같은 것이라 이런 사람은 그 성읍 중 하나로

도피하여 생명을 보존할 것이니라.

- **신명기 19:11-12**
  - 그러나 만일 어떤 사람이 그의 이웃을 미워하여 엎드려 그를 기다리다가 일어나 상처를 입혀 죽게 하고 이 한 성읍으로 도피하면 그 본 성읍 장로들이 사람을 보내어 그를 거기서 잡아다가 보복자의 손에 넘겨 죽이게 할 것이라.

- **여호수아 20:4-6**
  - 이 성읍들 중의 하나에 도피하는 자는 그 성읍에 들어가는 문 어귀에 서서 그 성읍의 장로들의 귀에 자기의 사건을 말할 것이요. 그들은 그를 성읍에 받아들여 한 곳을 주어 자기들 중에 거주하게 하고 피의 보복자가 그의 뒤를 따라온다 할지라도 그들은 그 살인자를 그의 손에 내주지 말지니 이는 본래 미워함이 없이 부지중에 그의 이웃을 죽였음이라. 그 살인자는 회중 앞에 서서 재판을 받기까지 또는 그 당시 대제사장이 죽기까지 그 성읍에 거주하다가 그 후에 그 살인자는 그 성읍 곧 자기가 도망하여 나온 자기 성읍 자기 집으로 돌아갈지니라 하라 하시니라.

미주

——— •

[제 1 장 인류 최초의 살인: 가인]

1) 김종률, 수사심리학, 학지사, 2003. pp.49-50.

2) Daigle, L.E., & Muftic, I.R., *Victimology,* Sage, 2020. p.135.

3) 황의갑 외 12인 공역, 범죄학, 서울: 그린, 2011. pp.239-240.

4) 이순래 외 2인 공역, 범죄학이론, 서울: 박영사, 2017. p.91.

5) 오윤성, 범죄 그 심리를 말하다, 박영사, 2019. pp.132-133.

6) 김재민·이봉한 공저, 범죄학 강의, 박영사, 2021. p. 145, 188.

7) G.J. Wenham, J.A. Motyer, D.A. Carson & R.T. France, *NEW BIBLE COMMENTARY,* IVP, 1994. p.1134.

8) 김성돈, 형법각론, SKKUP, 2016. p.36.

[제 2 장 동생에 대한 약취 및 인신매매: 야곱의 열 아들]

1) 오윤성, 범죄 그 심리를 말하다, 박영사, 2019. p.85

2) Schacter, D.L. et al. *Psychology,* 2nd edition. New York: Worth Publishers. 2009. p.441.

3) 김재민·이봉한 공저, 범죄학 강의, 박영사, 2021. pp. 136-137.

4) 김성돈, 형법각론, SKKUP, 2016. p.157.

[제 3 장 간음을 은폐하기 위한 살인: 다윗]

1) Stephen G. Tibbetts, *Criminological Theory.* London: Sage. 2018. pp.30-31.

[제 4 장 지역 주민에 의한 성범죄와 보복 살인: 시므온과 레위]

1) 존 맥아더, 맥아더 성경주석, 아바서원, 2005. p.71.

2) 존 맥아더, 위의 책, pp.70-71.

3) 오윤성, 범죄 그 심리를 말하다, 박영사, 2019. p.134; 이상현, 범죄심리학, 법문

사, 2000. p.130.

4) Lawrence Cohen & Marcus Felson, *Social Change and Crime Rate Trends: A Routine Activities Approach.* American Sociological Review 44. 1979. pp. 588-608.

[제 5 장 친족에 의한 성범죄와 보복 살인: 압살롬]

1) 오윤성, 범죄 그 심리를 말하다, 박영사, 2019. pp.276-283.

2) 존 스토트, (정옥배 역), 현대사회 문제와 그리스도인의 책임, IVP, 2006. p.406.

[제 6 장 폭력적 하위문화에 편승한 성범죄: 베냐민 지파의 청년들]

1) 기브아는 예루살렘 북쪽 약 6km 지점에 있으며 에브라임 산지에서 예루살렘으로 가는 길목에 위치해 있다. 이곳 기브아는 베냐민 지파 영토로서 사울왕의 고향이자 통일왕국 시대 이스라엘의 첫 번째 수도였다(권성달, 바이블투어, 도서출판 나임, 2021. p.243).

2) 하나님과의 관계에 대한 4가지 계명은 하나님의 유일성 인정, 하나님 외의 형상에 대한 우상숭배 금지, 하나님을 망령되이 일컫는 행위 금지, 안식일에 대한 거룩한 준수 등이고, 인간 상호간의 관계에 대한 6가지 계명은 부모공경, 살인 금지, 간음 금지, 절도행위 금지, 위증행위 금지, 탐심을 품지 말 것 등이었다(출애굽기 20장).

3) 강병도 편찬, 톰슨 II 주석성경, 구약편, 2011. p.179.

4) 성경 레위기에는 음행을 한 부정한 여인은 취하지 못하도록 하는 규정이 있다(레위기 21:7).

5) 김재민·이봉한 공저, 범죄학 강의, 박영사, 2021. pp.171-172.

[제 7 장 직권남용 범죄자의 회개: 삭개오]

1) 김재민·이봉한 공저, 범죄학 강의, 박영사, 2021. pp.208-210.

2) 권성달, 바이블 투어, 도서출판 나임, 2021. p.292.

3) 강병도 편찬, 톰슨 II 주석성경, 신약편, 2011. p.127.

4) G.J. Wenham, J.A. Motyer, D.A. Carson & R.T. France, NEW BIBLE COMMENTARY, IVP, 1994. p.1010.

5) G.J. Wenham, J.A. Motyer, D.A. Carson & R.T. France, 위의 책, p.1010.

6) 김재민·이봉한 공저, 앞의 책, p.84.

[제 8 장 재산 강탈을 위한 사법 살인: 이세벨]

1) 강병도 편찬, 톰슨Ⅱ 주석성경, 구약편, 2011. p.544.

2) 유시민, 국가란 무엇인가, 돌베게, 2011. pp.24-27

3) 김재민a, "사법폭력피해자 보호에 관한 소고," 경찰법연구 제17권 제3호, 2019.
   pp.141-144.

4) 김성돈, 형법각론, SKKUP, 2016. p.816.

[제 9 장 여론 재판을 통한 사법 살인: 빌라도]

1) 찰스 콜슨, 홍병룡 역, 사람과 공동체를 회복시키는 정의, IVP. 2002. pp.25-58.

2) 이동원, 열두 사도 이야기, 두란노, 2020. p.229.

3) 산헤드린은 유대인들의 최고 의결기관이자 정치적, 도덕적, 종교적으로 중요한
   사안을 결정하는 최고재판기관이다. 대제사장이 의장이며, 제사장과 장로, 사두
   개인, 바리새인, 서기관들 중에서 의원을 선출하며 의장 포함 71명으로 구성된
   다(권성달, 앞의 책, p.114).

4) 강병도 편찬, 톰슨Ⅱ 주석성경, 신약편, 2011. pp.81-82.

5) 강병도 편찬, 위의 책, 신약편, pp.48-49.

[제10장 범죄피해자의 진정한 이웃: 선한 사마리아 사람]

1) 존 맥아더, 맥아더 성경주석, 아바서원, 2005. p.1079.

2) 김재민b, "범죄피해자 보호정책의 실천원리 탐색," 기독교학문연구회 제21권 제
   3호, 2016. p.46-47.

3) 누가복음 10장의 비유에서 율법사가 자신의 이웃이 될 만한 자격을 갖춘 이웃
   이 누구인지 '타인의 정체성'에 관해 주안점을 두고 질문했지만, 예수님은 내가
   과연 타인의 이웃이 될 만한 자격을 갖추었는지 '자기 정체성'을 확인하는 것으
   로 그 주안점을 바꾸었다고 한다(Marshall, C.D. *Compassion, Justice, and the
   Work of Restoration*. The Conrad Grebel Review 31(3). 2013. p.252).

4) 김재민b, 앞의 논문, p.47.

5) 김재민b, 위의 논문, pp.51-52.

6) 김재민b, 위의 논문, 같은 면.

7) Kraznaric, R. Empathy, *A Handbook for Revolution.* 김병화 역, 2014. 공감하는 능력, 서울: 더 퀘스트. p.90, 98.

8) 김재민b, 앞의 논문, p.50.

9) 김재민b, 위의 논문, p.51.

10) 이 당시 기름은 진통제의 용도로, 포도주는 상처를 청결히 하고 소독하는 용도로 종종 쓰였다고 한다(Morris, L. *Luke: An Introduction and Commentary.* vol. 3., TNTC. Downers Grove: Intervarsity Press. 1988. pp.206-210).

11) 그 당시 팔레스타인의 물가수준으로 계산했을 때 한 데나리온으로 12일분의 식량배급을 받을 수 있다고 하는 주장이 있는가 하면(Morris, 위의 책, pp.206-210), BC 27년 이전의 로마제국 초기시대에 한 데나리온은 비숙련 노동자나 일반 병사의 하루 일당에 해당한다는 주장도 있다(https://en.wikipedia.org/wiki/Denarius).

12) 김재민b, 앞의 논문, pp.50-51.

[제11장 부주의에 의한 살인: 도피성을 찾은 청년]

1) 권성달, 바이블 투어, 도서출판 나임, 2021. p.383.

2) 존 맥아더, 맥아더 성경주석, 아바서원, 2005. p.254.

3) 김재민c, "도피성 제도를 통해서 본 기본권 보장의 법리," 신앙과 학문, 2017. p.73.

4) 강병도 편찬, 톰슨Ⅱ 주석성경, 구약편, 2011. p.292, 350.

5) 김재민c, 앞의 논문, pp.73-74; 김덕중, "구약 성경의 도피성 제도에 관한 비교연구", 국제신학, 2006. p.8.

6) 최무열, "신명기의 사회적 약자 보호를 위한 제도적 장치와 그 선교적 적용에 관한 연구", Mission and Theology, 2015. p.36.

7) 김재민c, 앞의 논문, p.75.

8) 트렌트 버틀러(T. C. Butler)가 레위성을 도피처인 동시에 감옥이라고 표현한 것도 이러한 점에서 이해될 수 있다(정중호, "고대 이스라엘의 도피성과 고대 한국의 별읍과 소도", 구약논단 제17권 제4호, 2011, p.137).

9) 김덕중, 앞의 논문, p.418.

10) 존 맥아더, 앞의 책, p.193.
11) 정중호, 앞의 논문, pp.138-139.
12) 김재민c, 앞의 논문, pp.76-77.

[저자 약력]

김재민

국립경찰대학 행정학과 졸업 (행정학사)
연세대학교 대학원 졸업 (법학석사)
전남대학교 대학원 졸업 (법학박사)
미국 Michigan State Univ.에서 형사정책 연구
일본 Tokiwa Univ. 국제피해자학연구소와의 학술교류 통해 피해자 보호대책 연구
독일 Max Planck Institute for Comparative Public Law and International Law에서
　　피해자 인권보호 연구
국립경찰대학 경찰학과 전임교수 및 한국경찰법학회장 역임
전 Asian Post-Graduate Course on Victimology 강사
현재 경일대학교 경찰행정학과 교수, 범죄피해연구소장

저서

The changes of Korean Victim Policy in the last decade (일본 Tokiwa대학교 국제
　　피해자학연구소, 2012)
범죄피해자 보호정책의 실천원리 탐색 (신앙과 학문, 2016)
범죄피해조사론 (박영사, 2018)
범죄학이론 (박영사, 2018)
피해자학 (박영사, 2021)
범죄학강의 (공저, 박영사, 2021)
피해자 수사서류 열람·등사권의 실효적 보장 (피해자학연구, 2022) 외 피해자 보호정책 관련
　　국내저명 학술지 논문 약 30편

성경으로 풀어가는 범죄학 이야기

초판발행	2023년 2월 20일
지은이	김재민
펴낸이	안종만·안상준
편 집	김선민
기획/마케팅	장규식
디자인	벤스토리
제 작	고철민·조영환
펴낸곳	(주)박영사
	서울특별시 금천구 가산디지털2로 53, 210호(가산동, 한라시그마밸리)
	등록 1959. 3. 11. 제300-1959-1호(倫)
전 화	02)733-6771
f a x	02)736-4818
e-mail	pys@pybook.co.kr
homepage	www.pybook.co.kr
ISBN	979-11-303-1705-2 93350

copyright©김재민, 2023, Printed in Korea

정 가   15,000원